もう会えない人を思う夜に

大切な人と死別したあなたに伝えたい
グリーフケア28のこと

坂口幸弘／赤田ちづる
関西学院大学
悲嘆と死別の研究センター

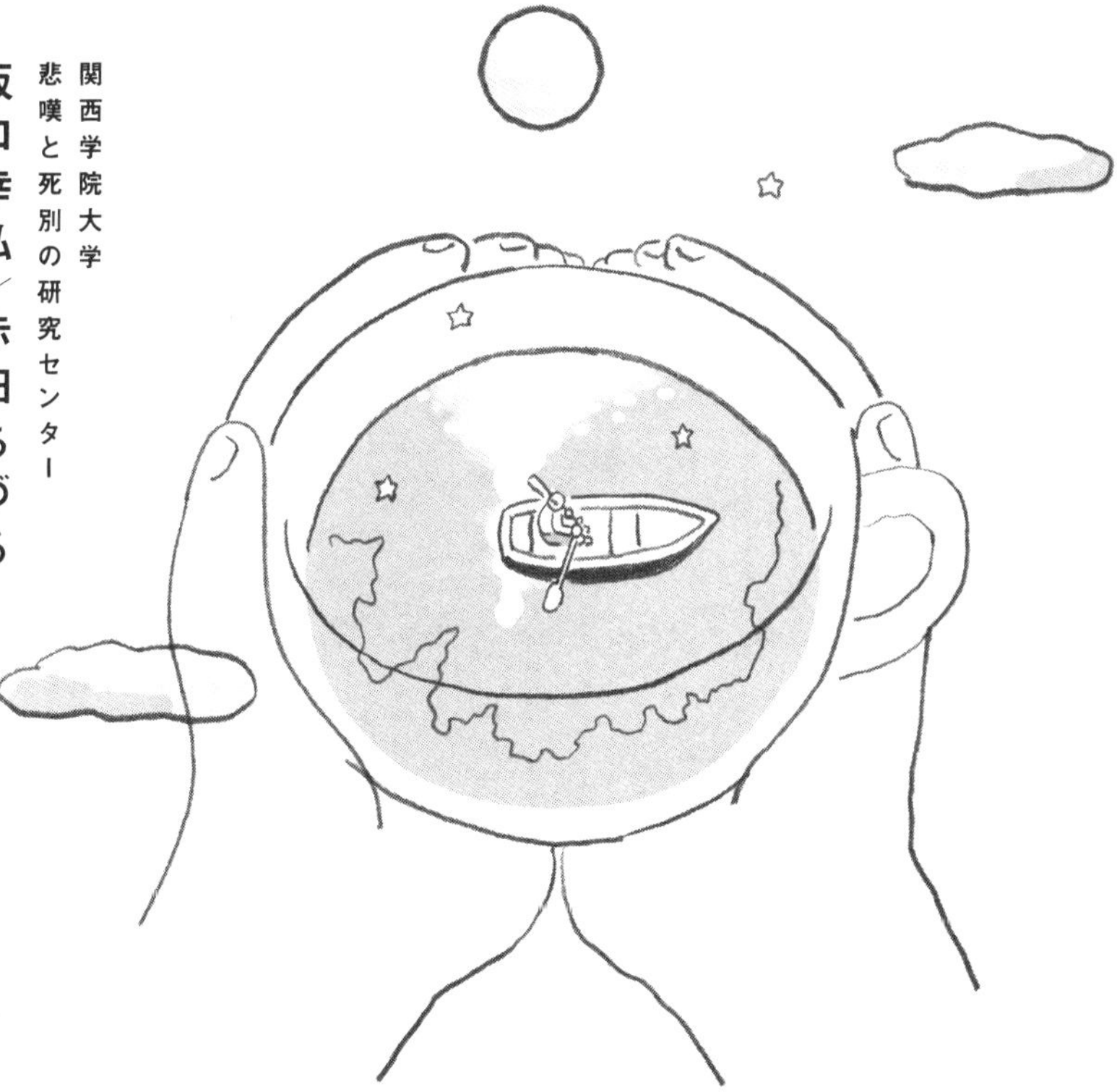

Discover

はじめに

年齢を重ねていくにつれ、死を身近に感じるようになる人が多いのではないでしょうか。

老いた父や母を見送ったり、長年連れそった伴侶もいつかはどちらかが先に亡くなり、どちらかがあとに遺されることになるでしょう。

大切な人と死別したとき、人は、耐えがたい悲しみで心がいっぱいになります。いろいろな感情があふれて、おぼれてしまいそうになることもあります。息のしかたを忘れたように感じたり……、一方で、海の底に沈んでしまったような息苦しさを覚える人もいます。

もう会えない、そう頭ではわかっていても、どうしても会いたい、声を聞きたい、手にふれたい、そんな思いにとらわれてしまうこともあります。

「本当は、母がもう帰ってこないことも、もう二度と会うことができないこともわかっています。私が母のいない毎日を生きていかなければならないことも……。だけど悲しくてさみしくて、どうしたらいいのかわからなくて苦しいんです」

「母は100歳でした。亡くなる前日まで会話も食事もできていました。周囲の人は大往生だったねって声をかけてくれますが……。それでもやっぱりさみしいです。来春にはひ孫が生まれるんです。見せてあげたかった。せめてあと1年生きてくれていたら……と思うんです」

「これからようやく第二の人生だったのに……。もうすぐ定年退職で……。これからようやくふたりで旅行に行ったり、田舎に帰ったり、好きなことをして暮らせるねって話していたのに。私だけがひとりになってしまった……なぜですか」

「もっと田舎に帰ればよかった。忙しいなんていわずに……。こんなに早く死んでしまうなら、もっと母に会いに帰ればよかった。母はあの大きな家で、ひとりでどんな気持ちで暮らしていたのだろうと思うと、胸がつぶれる思いです」

これは、大切な人との死別を経験し、遺された人が話された言葉の数々です。

現実をわかってはいるけれど、さまざまな感情をどう扱えばいいのかわからない、それが死別の悲しみの本質なのかもしれません。

「悲しみを抱えながら生きる」

言葉にすれば簡単なように聞こえますが、大切な人と死別した人にとっては、周囲の人が思うよりずっと困難なものです。

だれを、いつ、どのような形で失うのか、私たちは知るすべがありません。

死の訪れは必ずしも年齢順ではないこともあり、若くして親やきょうだい、親しい友人を亡くすこともあれば、わが子に先立たれることもあります。

事故や事件、災害、自死などで突然にその日がやってくることもあります。

流産や死産もつらい別れです。

また人によっては、犬や猫などのペットも家族同然の大切な存在であり、その死は深い悲しみをもたらします。


さまざまな死別のなかで、たとえば年老いた親や長年連れそった伴侶を見送ることは、「よくあること」であり、世間ではありふれた出来事と思われるかもしれません。

しかし、そう思われるような死であったとしても、身近な人にとっては、「かけがえのない人」の死でしょう。

遺された人はまわりの人が思っている以上に、はるかに深い悲しみを抱えていたりするものです。

この本は、まわりからは「ありふれた死」のように思われるかもしれないが、老親や配偶者など、大切な人の死に直面し、言葉にできないような悲しみにひとり苦しんでいる人に向けて書いたものです。

申し遅れましたが私は、関西学院大学悲嘆と死別の研究センターの客員研究員をしている赤田ちづると申します。

私どもはこれまで、悲嘆と死別に関する研究を通じて、あるいは「グリーフケア」と呼ばれる大切な人と死別された人を支援する活動などをとおして、深い悲しみの中にある多くのご遺族と出会い、お話をうかがってきました。

この本では、そうした私どもの研究や活動をもとに、大切な人を亡くした人に知ってほしい悲しみに対処するためのヒントを28個にまとめています。

これは、死別の悲しみに向き合ってきた人たちのたくさんの文献や体験談を調べ、ヒアリングをし、分析したものがもとになっています。

具体的には734の死別された人たちの体験とていねいに向き合い、分類して体系的にし、28の実践的なコツにしたものです。

悲しみとともに生きるための知恵や工夫は、遺族会などの場で体験談として語られたり、ウェブや書籍などで書かれたりしています。

ただ、それらはあくまでも個人的な経験や考えを反映したものになります。

個人の「体験知」は数多く存在するものの、そうした体験知が体系的にまとめられることは、あまりなかったといえます。

そこで私どもでは、建築や教育、介護の分野などで使われているパターン・ランゲージの手法を用いてまとめることにしたのです。

パターン・ランゲージとは、わかりやすくいいますと、たくさんの人が蓄積してきた経験を分析して、実践的な対処法としてまとめることです。

死別は個人的な体験で、悲しみとの向き合い方は人それぞれですが、この本で示した28のヒントには、多くの先人たちの体験から紡がれた知恵がつまっています。

もちろん、28のヒントのすべてが、この本を手にとってくださった人たちの役に立つわけではないかもしれません。

悲しみとの向き合い方に正しい方法があるわけではないからです。それぞれの人の状況に応じて、使えそうなヒントもあれば、そうでないものもあるでしょう。28のヒントの中から、今の自分にとって役立ちそうなヒントだけを選んで参考にしながら、自分だけの29番目のヒントを見つけてみるのもいいと思います。

人々はこれまで、それぞれの時代の文化や宗教のもと、なんらかの形で悲しみに向き合い、支え合ってきたと考えられます。

ところが近年では、葬儀が縮小・簡略化されるなど、弔いの場としての機能が弱くなっています。また、親せきづきあいや地域社会の人のつながりも薄くなってきているといえます。

社会の中で悲しみを支え合う力が弱まってきているように感じられます。

そうした時代背景もあり、この本で紹介するヒントが、悲しみを抱えながら生きるためのお役に立てばいいと思っています。

大切な人を失い、眠れずに夜を過ごすこともあるでしょう。

泣きながらやっと眠れたと思ったら、真夜中にぽっかり目を覚ましてしまうこともあると思います。

ふと夜にひとりになると、つきることない悲しみと後悔があふれてくる。

「会えないのはわかっている、でも会いたい」とどうしようもなく思ってしまう。

この本は、もう会えない人を思う夜に、なんらかの救いや癒し、生きる力になってほしい、と願いながら書いたものです。

「ひとりで頑張らなくても大丈夫、今は自分に一番優しく……」という思いを込めて言葉を紡ぎました。

大切な人を亡くしてこの本を手にとってくださった皆さまにとって、本書が、悲しみに向き合いながら、今を生きていくための手がかりの一つになることを願っています。

2024年9月

関西学院大学　悲嘆と死別の研究センター
客員研究員　赤田ちづる

本書は、私どもがこれまで研究やグリーフケアの活動を通じて出会ったご遺族の言葉を、人物が特定されないような形で改変して紹介しています。

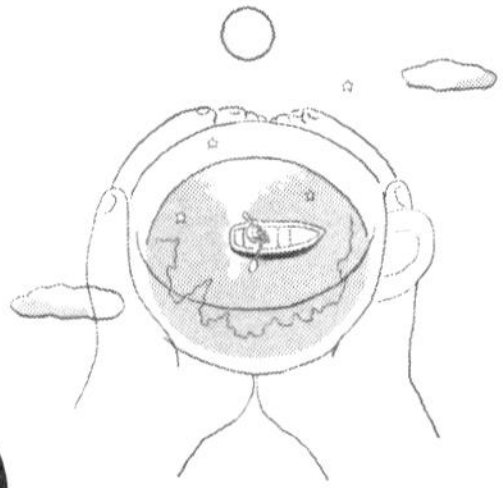

CONTENTS

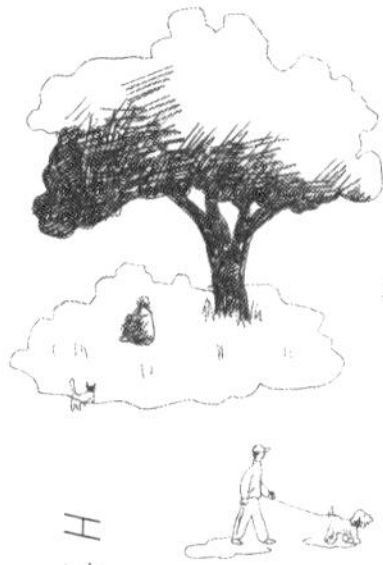
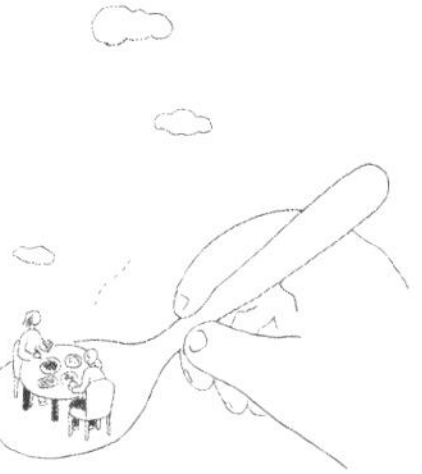
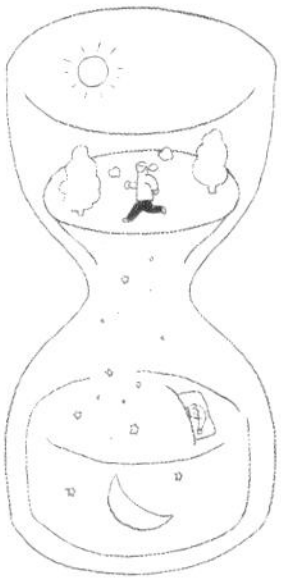

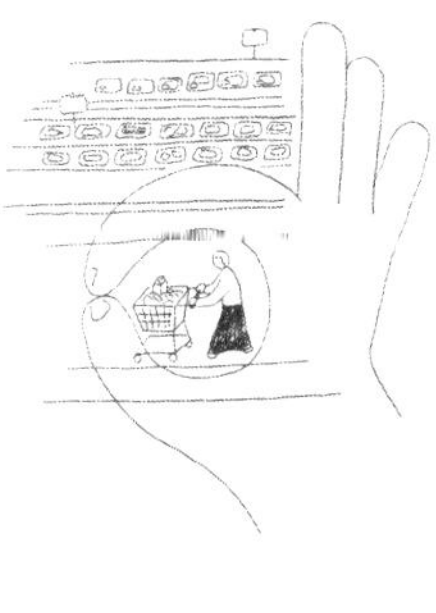
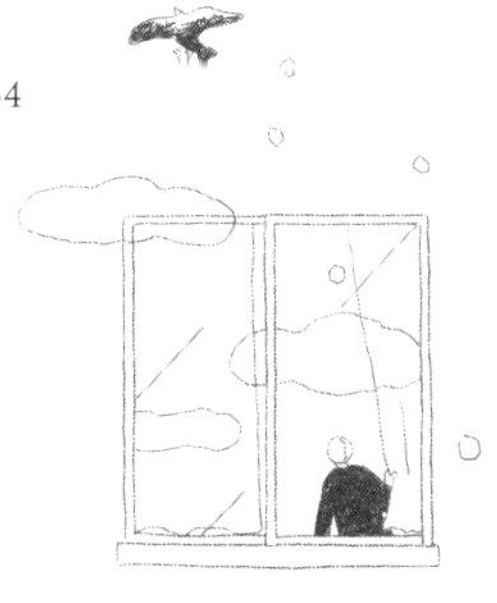

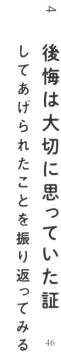

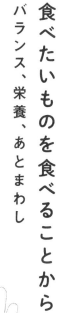

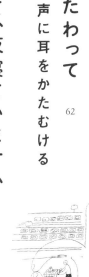

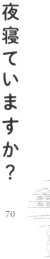

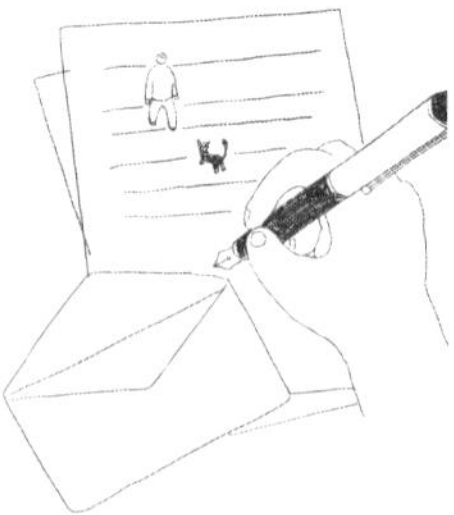

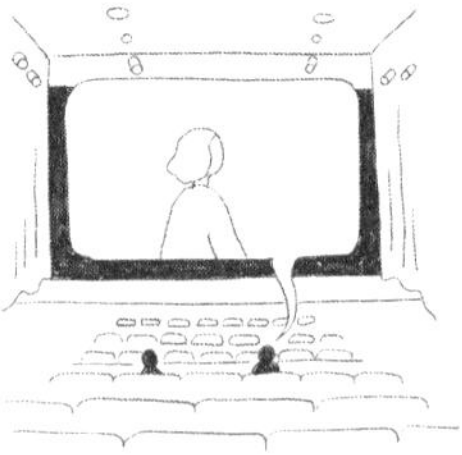

第2章 こころをみつめる

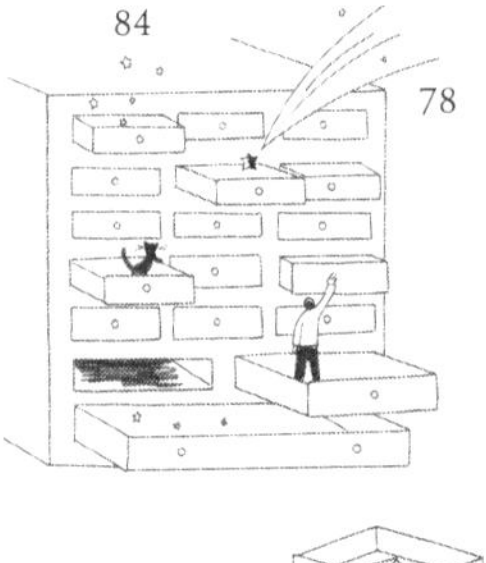

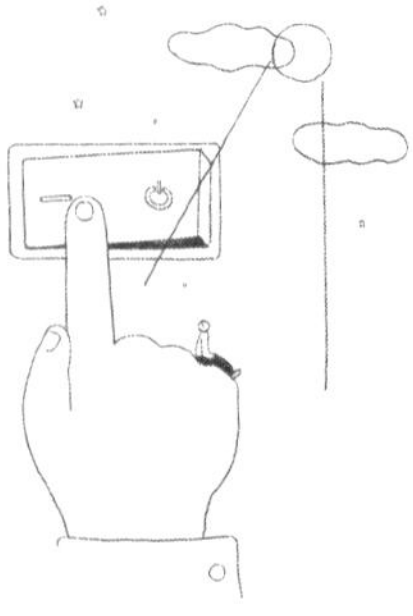

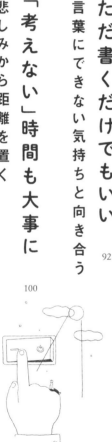

第3章 まわりをみわたす

第4章 明日をむかえる

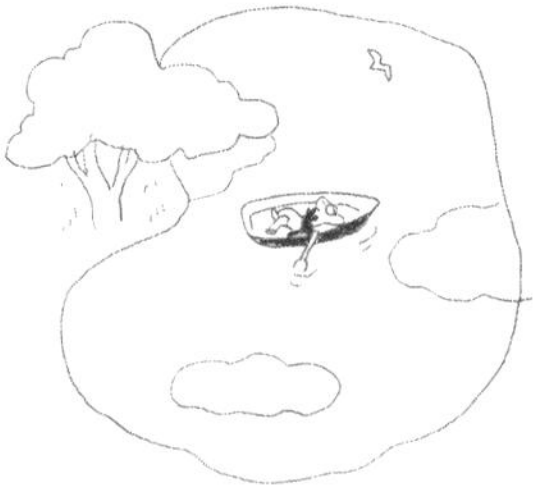

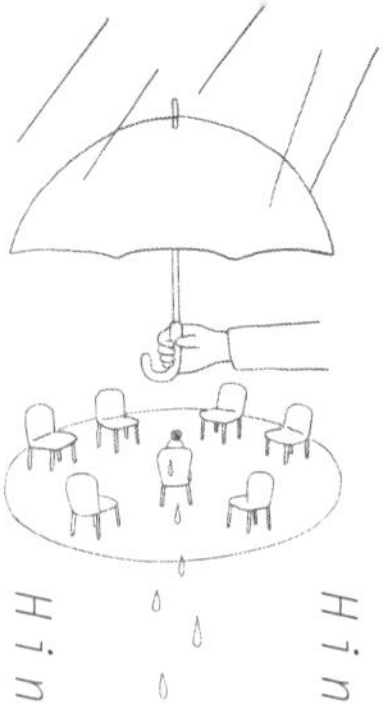

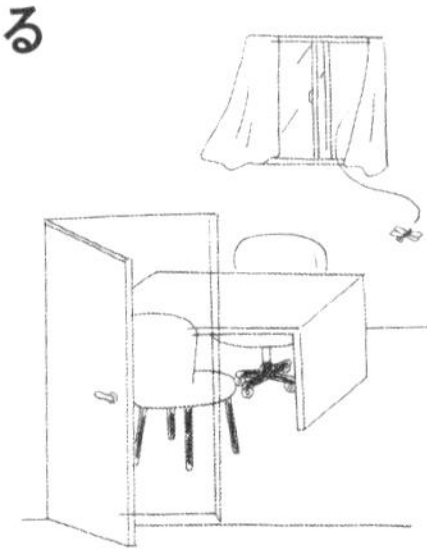

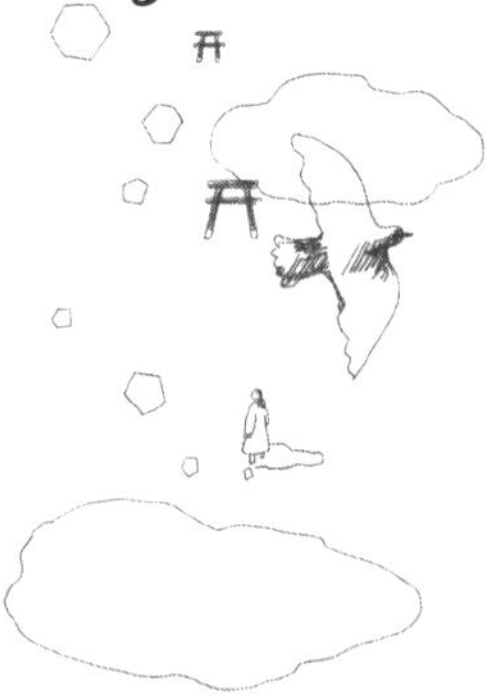

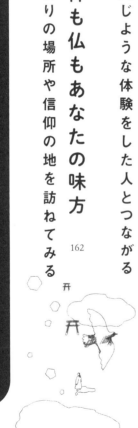

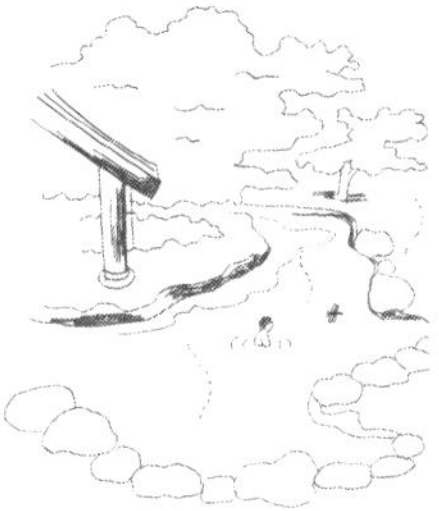
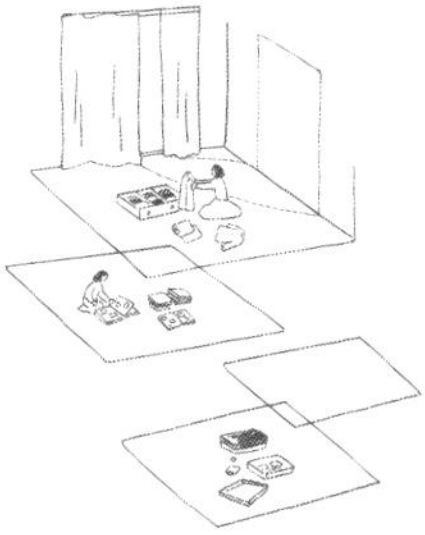
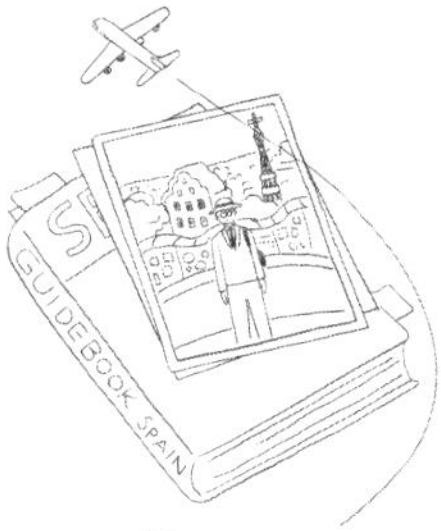

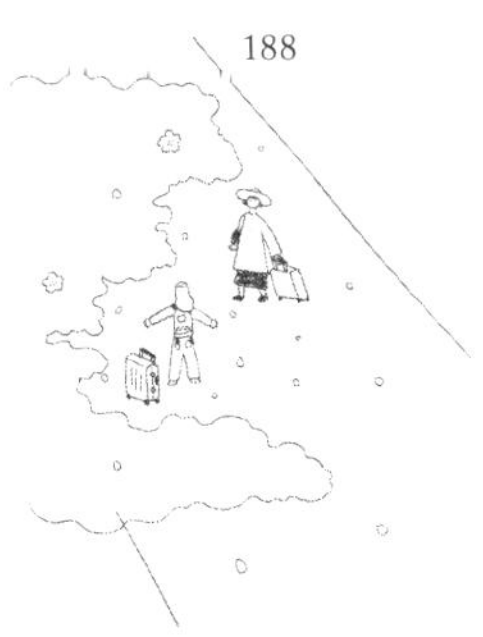
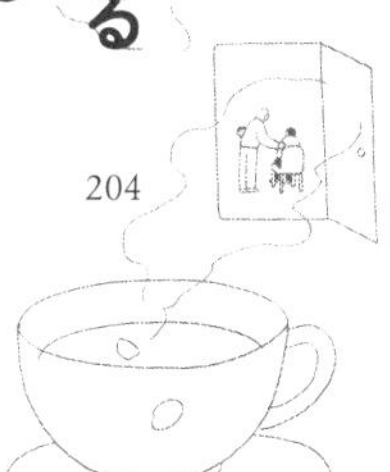

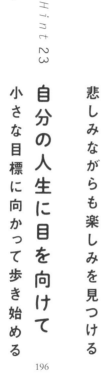

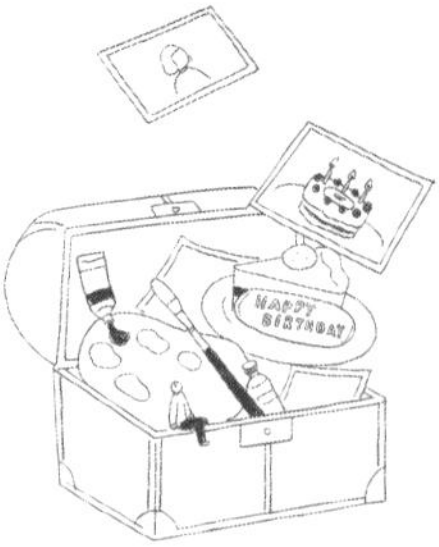

第5章 会えない人とともに

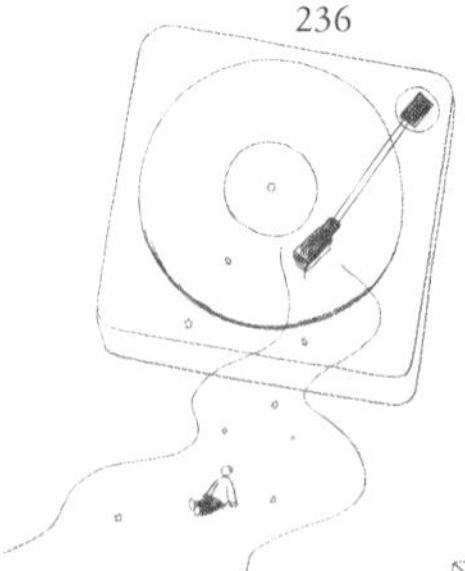

購入者特典

本書にある28のヒントとイラストがダウンロードできる特典をご用意しています。
ぜひ、お気に入りのヒントを待ち受けにしたり、プリントアウトして目に入る場所に貼るなど、さまざまな形でご利用くださいませ。

ID discover3098
パスワード grief

https://d21.co.jp/formitem/

第 1 章

悲しみの
うずのなかで

大切な人と死別したばかりのあなたは、
もう会えないことが信じられなくて
ひとりで苦しんでいるかもしれません。
心細く、いつまでも夜が続くかのように
感じている人もいるでしょう。
そのようなとき、
私どももかける言葉が見つからず、
ただ隣に座って、心を寄せることしか
できないことがよくあります。
今は悲しいだけ悲しんでいい、
大切な人を想う時間を大事にしてほしい、
そう思っています。

Hint

1

とにかく今日を生きる

自分のペースで

ゆっくりと

これからどう生きていけばいいのだろう。大切な人を亡くしたとき、まるで暗闇の中にひとりでいるようで、どこに向かえばよいのかわからないと感じることがあります。

3年前に母親をくも膜下出血で亡くした30代の女性は、「深い海の底で迷子になったかのようでした」と当時の心境を振り返ってくれました。

母が一番の理解者だったと話すこの女性は、母親を失い、だれも私の気持ちをわかってくれず、いつもひとりぼっちだと感じていたといいます。

そして、「こんなにつらい思いをしているのは私だけだろう」とずっと思っていたそうです。

身近な人の死に出会った経験は過去に何度かあったとしても、亡き人との関係性や死の状況などによって、受ける影響は大きく異なります。かつて体験したこともないほどの喪失感に押しつぶされそうで、このまま生きていてもしかたがないと思うことさえあります。

認知症の母親を5年間にわたって在宅にて介護し、看取った60代の女性は、こう話してくれました。

「毎朝目覚めると、また一日が始まるのか……と絶望的な気分になります。母の寝ていた部屋でベッドを眺めながら、何もできずにただ時間だけが過ぎていくんです。母のいない一日をどう過ごしていいのかわからない。生きていることがとてもつらいんです。本当に情けないです」

大切な人を亡くしたあと、遺された人は、亡き人が物理的には存在しない人生の時間を過ごすことになります。この60代の女性のように、母のいない時間をどのように過ごせばいいのかわからず、途方に暮れる人もいます。

一日をとてつもなく長く感じるときもあれば、何もできないまま気がつくと一日が終わってしまうこともあります。

人によっては、あたかも時間が止まってしまったかのように感じるでしょう。あるいは自分には世界が一変するほどの出来事が起こったにもかかわらず、現実の世界が何ごともなかったかのように動いていることに戸惑う人もいます。

取り残された気持ちに

夫を肝硬変で亡くした40代の女性は、「周囲の人は自転車で走っているのに、私は道の真ん中にひとり取り残されたように感じて、どうしていいかわからなかった」と話されていました。

いつもと変わらぬ社会の時間の流れのなかで、自分だけが置いてきぼりになっているように感じられるのです。

このような状態に陥ることは、けっして特別なことではなく、大切な人と死別したあとにみられる自然な反応であり、だれもが経験する可能性があります。

もし自分がこのような状態になったときには、早く元気にならなければとあせる必要はありません。

何より大切なことは、あなたが生きていることです。

今はまだ、何もできなくてもいい、とにかく生きていればいいのです。

自分を責めたければ責めてもいいし、亡くなった人のことだけを考えていてもいい。自分の気持ちに身をゆだねて、時間の流れにしばられなくてもかまいません。朝になったから起きなくてはいけないと思う必要もないのです。

どうしようもない悲しみを抱えているときは、自分のペースで「ゆっくり、ゆっくり」が合言葉です。

今日一日だけ生きてみよう、そう思いながら一日を過ごしてみるのもいいかもしれません。

ある60代の男性は、こう話してくれました。

「妻を亡くして、とてもつらいとき、先のことは考えず、とにかく今日一日を生きようと思って過ごしてきました。一日一日を積み重ねて、もう7年になります。悲しみは変わらないけど、生きていてよかったと思う時間も増えました」

この男性と出会ったのは死別後まもなくの頃です。号泣しながら、「朝起きると、隣で妻が亡くなっていてね……」と話されていました。

当時は食べることも寝ることもままならず、私たちもずいぶんと心配しました。

「今日を生きる」をくり返す

言い知れぬ不安や絶望感におそわれ、自分の人生が終わったように感じることもありますが、それでもなお自分の時間は続いていきます。

「今日を生きる」を3回続けると3日間が過ぎ、7回続けると1週間が過ぎていきます。それをくり返していくなかで、人生への新たな気づきや生きがいが見えてくることがあるかもしれません。

死別の悲しみは時間がたてば解決するというものではないと思いますが、時の流れのなかで気持ちのありようは変わっていったりします。

苦しみながらもなんとか今日を生きることが、その先を生きることにつながっていくものです。

先ほどの60代の男性に「最近、生きていてよかったと思ったのはどんなときですか？」と尋ねてみたら、「露天風呂に入りながら熱燗を飲んだときだなあ」とうれしそうに話してくれました。

深い悲しみの中にあっても、なんとか今日を生きてみる。

つらく苦しい日々を積み重ねていく過程で、これからを生きていくために、何が本当に必要なのかを見いだせるかもしれません。


今はまだ、生きる意味がわからなくていい。

何もできなくても、あなたがただ生きているだけでいいのです。

POINT

今は、生きる意味がわからなくてもいい。ただ、生きているだけでいい

Hint

2

悲しみは
人それぞれ

悲しみとの向き合い方に

正解はない

1
悲しみのうずのなかで

死別の悲しみには個人差が大きく、その想いや程度は人によって本当にさまざまです。うまく言葉にできない感情に胸が締めつけられ、心が押しつぶされるように感じる人もいます。

一方で、目の前の現実を受けとめきれず、何も感じないような感覚となり、涙も出ないこともあります。

悲しみ方に正解があるわけではありません。

同じような経験をしたからといって、抱える感情はみな同じではないのです。あなたの悲しみはあなただけの悲しみであり、ほかの人には十分に理解されないかもしれません。

母親を肺がんで亡くした60代の男性は、死別から半年がたった頃、さみしそうにこう話してくれました。

「周囲の人が、母の死を大往生だったね、寿命をまっとうしたねと言うんです。母は92歳でした。周囲の人が大往生だと思っても、私にはどうしてもそうは思えないのです。私にとっては、たったひとりの母でしたから」

家族の中でも、悲しみの大きさや表現、向き合い方は違います。

ある50代の女性です。妹さんの態度をこころよく思っていないようで、次のように打ち明けられました。

「母が亡くなってしまったのに、どうして妹は平気そうで、今までと変わらない生活をしているのでしょうか。

母は死んでしまって、もういないのに……。妹と母の話をしたり、一緒に泣いたりしたいと思っていたけれど、全然できなくて……。妹のほうが母にかわいがられて育ってきたのに、薄情だと思いませんか?」

姉妹で気持ちを共有できないことが、この女性の悲しみをさらに深めているようでした。

同じ家族のメンバーであったとしても、各々にそれぞれの想いがあります。

「家族だからみんな一緒」とは考えないほうがいいと思います。

ほかの人と違ったり、理解されなかったりしたとしても、自分の気持ちを大事にしましょう。

一人ひとりの感情や想いに優劣はありません。みずからの悲しみを、あなた自身が認めてあげることが大切なのだと思います。

悲しみ方に正解はない

どのように悲しみに向き合うのかは、これからの人生をどう生きるのかに通ずるところがあります。

生き方に一つの正解がないのと同じように、悲しみにどのように向き合うかも正解はないものです。

ほかの人の考えやアドバイスに従わなくてもいい、自分なりの悲しむ方法を見つければいいのです。見つけるほかはないといってもいいかもしれません。

亡き人とのそれまでの関係や、死を迎えた状況など、死別という経験にも人によって大きな差異があります。違う背景のもとで、亡き人の死を悲しめなかったり、解放

感や安堵感を経験したりすることは、ごく自然なことです。

どのような感情や想いであっても、自分だけがおかしいのではないかと無理におさえこんだり、自分を責めたりする必要はありません。

遺された人は死を嘆き、悲しみに暮れるものだとの遺族に対するイメージが暗黙のうちに描かれがちです。

しかし、死別に伴う感情や想いは人それぞれでいいのです。

涙は必ずしも頬を伝うわけではありません。見えない涙が流れることも悲しみのありようの一つです。

「来月が父の三回忌になります。私は父の死に対して、これまで一度も泣けないのです。当然悲しいのですが……。自分はなんて冷たい人間だと情けなくなります」

ある40代の男性は、このように話されました。

その言葉に対して、「泣けないことも悲しみの表現の一つなのかもしれませんね」とお伝えすると、「泣けなくてもいいんだ……」と少し安心したようにつぶやかれました。

「もっとつらい人がいる」と我慢しなくていい

「泣きたいときには泣いたらいい」といわれるように、悲しみを無理におさえるのではなく、十分に経験し、悲しみきるほどに悲しむことも大切です。

まわりの人の目を気にして元気さを無理によそおったり、自分よりも過酷な状況の人と比べて、「もっとつらい人がいるのだから」と、自分の気持ちにブレーキをかけたりしている人もいるでしょう。

あふれでる感情、流れる涙をおさえる必要はありません。

あなたの悲しみはあなただけのもの。ほかの人があなたの代わりに泣くことはできないのです。

気持ちを受けとめてくれる人が身近にいれば、人前で泣くこともいいことだと思います。いなければ、人目を気にせず思いきり泣ける場所を探してみるのもいいかもしれません。

「悲しみのいろは人それぞれ」と考えると、人にはさまざまな悲しみがあり、自分なりの悲しみ方でいいことに気がつきます。

人によっては、自分の悲しみであっても、その大きさや表現、向き合い方に、自分でも驚くことがあります。

ただ、どんな悲しみでも、そのときどきの気持ちをおさえこまずに、ありのままを表現することが、気持ちを少しラクにしてくれるでしょう。

ひとしきり泣くだけ泣いたら、一旦は気持ちが少し晴れるかもしれません。

POINT

あなたの悲しみのいろや形は、あなただけのもの

Hint

3

怒りもあなたの大事な感情

怒りを表現したり、伝えてみる

1

悲しみのうずのなかで

大切な人の死に直面して経験する感情は、悲しみばかりではありません。どんなことに対しても腹立たしく感じることがあります。

理不尽に思える現実に対して、やり場のない怒りを感じることは、けっして特別なことではありません。死の状況によっては、悲しみよりも怒りの感情を強く感じてしまうこともあるでしょう。

自分の今の気持ちや苦しみをわかってくれない周囲の人たちに、苛立ちを感じることもあれば、医療者などなんらかの形でその人の死にかかわった人に対しての怒りがおさまらないこともあったりします。

夫を大動脈解離で亡くした60代の女性の言葉です。

「スーパーで、一緒に買い物をしているご夫婦を見て、どうして私だけがこんな思いをしなければいけないのと、手にもっていた大根を投げそうになりました。

周囲を見渡せば、夫婦がたくさんいるんです。けんかしている人もいるし、憎みあっている夫婦もいる。だけど皆さんはパートナーが生きている。

なぜ私だけが……と腹が立ってしかたがない」

このように話されているときも、腹立たしさを隠せないという様子でした。

違う病院なら、違う医師なら

妻をすい臓がんで亡くした60代の男性は、病院に対して怒りを感じていました。

「妻が亡くなった病院の名前を聞くだけで怒りがこみあげてくる。がんが見つかって3か月で逝ってしまったんです。これまで何度も検診を受けていたのに、見つけてもらえなかった。

違う病院だったら……。違う医師だったら……。今日も隣には妻がいるだろうと思わずにはいられないんです。病院や医師に対しては怒りしかありません」

語気を荒らげて話される様子が印象に残っています。

おさまりどころのない怒りは、亡き人があなたにとって本当に大切な存在だったことの表れでもあります。

怒りの気持ちが、今の自分を支えてくれていると感じる人もいます。

ときには、自分を遺して先に逝った亡き人に対しても怒りが向けられることがあります。先ほどの60代の女性は、

「夫は先に逝ってしまって私はこんなに苦しい。『死んだもん勝ち』っていう言葉がありますが、本当にそのとおり。私が先に死んでしまいたかった。ずるいですよね……。あまり人には言えないことですが……」

と少し早口で語ってくれました。

怒りの感情は、心の中に長く留めていると、知らず知らずのうちに健康を損ねてしまうこともあります。

怒りの感情はおさえこんでしまいがちですが、自分が怒っていることや、何に腹を立てているかを周囲に伝えることは間違ったことではありません。

あなたの感じるままにあることが、まずは大事なのです。

そのうえで、怒りを自分なりにコントロールできるように、怒りの気持ちをだれかに聞いてもらったり、気晴らしをしたりするといいでしょう。

深呼吸をすることも、怒りに対処する方法の一つです。

深呼吸には副交感神経を高め、心身をリラックスさせる働きがあり、呼吸に集中することで、怒りから気を逸らすこともできるといいます。

加えて、許される範囲で、大声をあげたり、物を投げたり、クッションを叩いたりするなど、怒りを体で表現することもいいといわれています。

「早く元気になってね」の言葉に怒りを

怒りを引き起こす人や事柄、いわゆる「怒りのトリガー」になるものと、あえて距離をとることも一つです。

先述の夫を亡くされた60代の女性は、友人からかけられる「早く元気になってね」や「時間が解決してくれるよ」などの言葉に対しても怒りを感じていました。

だからか、友人の誘いを断るようにしたそうです。

「友人の言葉に悪気がないことはよくわかっているんです。けれど、今会うと、友人のことも自分のことも嫌いになってしまいます」

とさみしそうに話されていました。そして、こう言葉を続けられたのです。

「もう少し時間がたって、これまでのように他愛のない話をしたり、一緒に食事したりできる日が来るといいなと思っています」

この彼女の言葉が、否応なく怒りの感情を抱えてしまうことの苦しさを表しているように思えました。

自分の怒りの感情をまずは意識することで、怒りを少し冷静にとらえることができるようになります。すると、あなたの怒りを、ほかの人に伝えやすくなります。

怒りを表現したり、伝えたりすることで、心の緊張がほぐれ、気持ちが少なからずラクになることもあります。

怒りをコントロールすることは、簡単なことではありません。大切な人を亡くしたときなら、なおさらです。

怒りにつつまれ、冷静さを失うことがあったとしても、それは当然の反応であるといえます。

ただ、怒りや憎しみ、恨みの感情をもち続けながら生きていくのは苦しいことです。

すぐには難しいとしても、怒りの感情と自分なりにつきあうことができるようになると、少し生きやすくなるかもしれません。

POINT
行き場のない怒りを、まずはありのまま見つめてみる

Hint

4

後悔は大切に思っていた証

してあげられたことを振り返ってみる

考えれば考えるほど、後悔ばかりがつのり、自分を許せないと感じることがあります。「私が悪かった……」「あのときこうしておけばよかった……」とついつい自分を責めてしまい、ほかに何も考えられなくなってしまうかもしれません。

強い後悔や心残り、罪悪感は、大切な存在であった亡き人のことを想うがゆえの感情でもあり、否定しなくてもいいとも考えられます。

とはいえ、罪悪感を抱え続けることは苦しく、心身の不調につながることもあります。どんなに後悔しても、過去にさかのぼって変えられないことを頭ではわかっていても、後悔せずにはいられないのでしょう。

「あのとき、もっと強く病院に行くように言えばよかった。引きずってでも連れて行けばよかった」と後悔され、自分を責め続けていたのは夫をがんで亡くした50代の女性でした。

「大丈夫だから……という主人の言葉に、それ以上強く検査をすすめることができなくて……。私が悪かったんです。一緒に生活していて、体調が悪そうなのはわかっていました。食事も残すし、あれほど好きだったお酒も飲まなくなっていました。もっと早く病院に連れて行ってあげられていたら……」

そう話されていました。

自宅に連れて帰ればよかった

2020年からの新型コロナウイルス感染症（COVID-19）の感染拡大にともない、従来とは異なる形での別れを余儀なくされた人も多くいました。

60代の女性は、コロナ禍で、高齢者施設に入居している母親と面会できない日が続き、会えないままお別れの日を迎えました。当時、多くの高齢者施設は、感染防止のために、家族といえども面会を厳しく制限していたからです。

この女性は、こう自分を責めていました。

「母親をコロナに感染させてはいけないと思って面会を我慢していたけれど、こうなるなら面会制限なんかに従わずに会いに行けばよかった。自宅に連れて帰ってあげればよかった」

亡き人が生きていれば「ごめんね」と伝えることができますが、今となってはそれも叶いません。

だからこそ、後悔や罪悪感に長く苦しみ続けることになるのだと思います。

人によっては、自分を責めていないと、自分だけが生きていることを申し訳なく思ってしまい、生きていることをつらく感じることさえあります。

後悔や罪悪感をなくすことは容易ではないですが、そのような気持ちに対処する方法がないわけではありません。「亡き人にしてあげられたこと」や、「一緒に過ごすことができた時間」を考えてみるといいでしょう。

自分を少し許してあげてもいいかなと思えるようになるかもしれません。

先ほどの夫をがんで亡くされた50代の女性の場合です。彼女はご主人とのこれまでの日々を振り返って、ご主人のために「できたこと」について考えてみました。

「胃に優しい食事を毎日作ってあげることができた」「行きたかった場所に連れて行ってあげることができた」「毎日お見舞いに行ってふたりだけの時間を過ごすことがで

きた」「ふたりの息子を一緒に育てることができた」「幸せな家庭を築くことができた」などと考えていくうちに、ご主人のために、あるいはご主人とともに自分ができたことがたくさんあったことに気づきました。

この女性は、「後悔がなくなったわけではないけれど、一緒にいた時間が幸せだったことにも気がつきました。主人と結婚できてよかった」と話してくれました。

あのときこうすればよかった……と考えがちですが、「できたこと」を考えてみると、違う感情がわいてくることがあります。

延命治療は父を苦しめただけでは……

亡き人と過ごした時間を少し客観的に思い返してみると、後悔ばかりではない、違った側面が見えてくることもあります。

父親を亡くした40代の男性は、次のような話をしてくれました。

「私の決めた延命治療は、父を苦しめただけではないだろうか、とずいぶん悩みました。苦しそうな父の顔ばかりが脳裏に浮かんできて……。延命せずにおだやかに逝かせてあげたほうがよかったのではないかとずっと後悔していました。

ですが、このあいだ、アルバムを整理していたところ、ランドセルを背負った孫と父が病室で一緒に撮った写真が出てきました。延命治療をしていて、苦しかったはずの父ですが、孫に向けられた瞳はとても優しいものでした。その父の笑顔を見て、延命治療も悪くはなかったかな、と初めて思いました」

心残りばかりを思い返すのではなく、亡き人に自分がしてあげられたことを振り返ったり、亡き人と過ごした幸せな時間にも目を向けたりすることで、後悔や罪悪感はなくならないとしても、少し気持ちが軽くなるかもしれません。

後悔や罪悪感は、亡き人を大切に想っていたことの証の一つであり、あなたと亡き人をつないでくれているものと考えることもできます。

深く後悔することは、あなたがもう一度生き直すことにつながります。

十分に苦しんだあと、自分を少しずつ許していくことは、けっして悪いことではありません。

あなたを許すことは、あなたにしかできないことなのです。

とはいえ、どうしても許せない場合もあります。そんなときは、許せない自分を認めてあげることも大切です。

POINT
一緒に過ごした幸せな時間や「できたこと」にも目を向けてみる

Hint

5

食べたいものを食べることから

バランス、栄養、

あとまわし

1
悲しみのうずのなかで

大切な人を亡くしたとき、食欲がなくなり、何も食べる気がしないという人は多くいます。

人によっては、何を食べても味がしないと感じることもあるようです。

母親を亡くした40代の女性の言葉です。

「何を食べてみても、お米ですらも、口の中でジャリジャリと砂を噛んでいるような感覚で……。何も食べることができないんです」

そう話し、肩を落とされている様子でした。

深い悲しみのうちにいる間は、自分の体のことを考える心の余裕もなく、偏った食生活になりがちです。

たとえば、夫婦ふたりからひとりの生活になってしまうと、食事の時間が不規則になってしまい、食事を抜いたり、インスタント食品ばかり食べたりと食生活が悪化する傾向にあります。

とくにあまり料理をしてこなかった人に多いのですが、好きな物ばかりを食べて、栄養が偏ってしまっている人もいます。

料理が得意な人でも、食べてくれる相手がいないと作る気になれないという声もしばしば聞かれます。

食生活が変わり持病が悪化して

おいしいものをもはや食べることのできない亡き人のことを想い、自分だけが食べるのを躊躇する人も少なくありません。

夫を胃がんで亡くした50代の女性は、絶食していた夫のことを考えると、自分が食べるのが申し訳なく思えて、食べることができなくなっていました。食べられない日が続くと、体力も落ちてきます。

この女性の場合は、一日中、寝て過ごすことが増え、気持ちをまぎらわすためにお酒を飲んでは眠る日々が続いていました。

人によっては、食生活が変化し、持病が悪化することもあります。

すい臓がんで妻を亡くした60代の男性がいました。奥様は体調を崩して、受診したあと、わずか2週間で旅立ってしまったそうです。

この男性は腎臓の病気を患っており、奥様が食事を管理してくれたおかげで、長い間なんとか元気に生活をすることができていたとのことでした。

もともと家事が得意ではなかったそうです。奥様が亡くなってからは、外食やお惣菜を買って食べることがほとんどになり、あっという間に透析治療が必要となるまで病状が悪化してしまいました。

体のためには栄養のある食事をきちんととることは大切だったりします。心の健康にも関係するといわれています。

さりとて、食べることすら難しい場合は、食事のタイミングや栄養のことなどを考えられなくてもしかたないかもしれません。

そんなときは、一日に一つ、あなたの好きなものを食べてみましょう。栄養を考えることはあとまわしでもかまいません。

同居していた母を亡くした50代の男性のお話です。

「母に最後に食べさせてあげたアイスクリームだけは、今も食べることができるんです。おいしいって言ってくれた母の顔が浮かんでくるんです」

この男性にとっての母親との思い出が残るアイスクリームのように、まったく食欲がなくても食べられるものを、少しの量でも口にするといいでしょう。

まずは自分の好きなものからでいいのです。

ひとりで食べるよりもおいしい

ひとりではどうしても食べる気になれなくても、だれかと一緒だと食べられることがあります。

先ほどの50代の女性は、夫を亡くして1年後に次のような話をしてくれました。

「夫が亡くなったあと、痩せていく私を見て、近所の人がよく夕食に誘ってくれました。でも、食欲はないし、外出するのもおっくうで……。

なかなか気は進まなかったのですが、行ってみるとひとりで食べるよりもずいぶんとおいしく感じました。一緒に食事できる日を楽しみにするようになっていって……。ひとりでお酒を飲むことも、だんだんなくなりました」

だれかと一緒に食べたり、飲んだりすることで、生きる意欲が生まれてくることもあります。

この女性の場合、お酒の量が減っていったのもよかったことかもしれません。お酒やタバコに頼りたくなる気持ちも理解はできますが、やはりその量には注意が必要なように思います。

つらさをまぎらわすために、お酒の量やタバコの本数が以前よりも大幅に増える人も少なくありません。

ただ、やはり過度の摂取は健康を損なうことにつながります。

飲酒や喫煙は手軽で、今のつらさから一時的に逃れさせてくれる即効性があるため、依存しやすいという危険性があることが知られています。

ほどほどを心がけたいところです。

時間とともに、少しずつ食べられるようになってくると、体力や気力も徐々に戻ってくるでしょう。

落ち込んだり、泣いたりするには、想像する以上のエネルギーが必要です。食べることで、思いっきり悲しめるようになるかもしれません。

POINT

栄養のことは考えず、まずは好きなものを食べる

Hint

6

体を
いたわって

体からの声に

耳をかたむける

1

悲しみのうずのなかで

大切な人を亡くしてから、外に出かける気分にならず、家にこもりがちになることがあります。体がなんだか重く感じ、何をするのもわずらわしく思ってしまいます。

「朝、起きるのがとても大変なんです」と話してくれたのは、大腸がんで父親を亡くした50代の女性です。父親の長い闘病生活を支え続け、最後の3年間は自宅で介護をしていました。

「外に出る気分にならず、ベッドからなかなか起き上がることができなくて……。私はどうしてしまったのでしょうか」

こう悩まれていました。

夫を失った60代の女性も同様のお悩みがあるようでした。

次のようにご自身の毎日を語られていました。

「夫が亡くなって、何もする気が起こらなくなりました。一日中、パジャマのままで過ごす日もあるんです。自分だけのために洗濯や掃除をすることも、食事の用意をすることも、すべてが無意味に思えてしまうのです」

おふたりのように人に会うのがとてもめんどうに感じられることは、よくあることかもしれません。

人や社会との接触を避けて、居心地のよい空間にこもることは、一時的にストレスを回避し、心の安定を保つことに役立つことがあります。

しかし長期間になると、日常生活に支障が出てきたり、心身に悪影響を及ぼしたりする可能性もあります。

とくに高齢者の場合には、体を動かさず、家にこもりきりになると、認知症や寝たきりにつながりかねません。

夫と散歩していた道を通れなくなり

外に出かける気になれないときには、少なくとも太陽の光を感じるだけでも、気分が変わることがあります。

朝起きて、カーテンを開けて、家の中でもかまいませんので、少し体を動かしてみるのがいいと思います。

先ほどの父親を看取られた50代の女性は、死別から半年ほどたった頃、オンフインのヨガ教室に入会し、朝6時からのヨガを日課にされるようになりました。

「これまでは、目覚めていてもベッドから起き上がることが難しかったのですが、ヨガに参加するようになってからは起き上がれるようになりました。家の中ですが、少し体を動かすことで、朝ごはんをおいしく食べられるようにもなりました」

このように、その後の暮らしを話してくれました。

体調が悪くなければ、少しずつでも体を動かしてみるのがいいと思います。

まずは、簡単な体操やウォーキングなど、無理のない範囲でおこなうのが望ましいでしょう。

気分がいい日は、少し離れた場所まで散歩に出かけてみるのも一案です。

先ほどの夫を亡くした60代の女性は、次のように話されていました。

「どうにか外へ出ても、夫と散歩していた道はつらくて通ることができませんでした。夫とは生前、『この花の名前はなんだろう』とか、『もうすぐあそこに新しいお店がで

きるね』といった話をしながら、一緒に散歩していました。

なので、咲いている花や、新しいお店ができたのを見ると、そこに夫がいないことを突きつけられるんです。

ですがこの前、今まであまり通らなかった道を歩いてみたら、少し気分が変わって1時間も歩くことができました」

知っている人がいないスーパーまで行き……

妻を亡くした60代の男性は、こんな話をしてくれました。

「今は、妻と一緒によく行っていたスーパーに行けなくて、わざわざ家から離れた店に行って買い物をしています。妻を知っている人に会うのがつらいので……。少し遠いのですが、体を動かすことにもなりますし、ゆっくり品物を見ることもできます」

この男性のように、知っている人に会いたくないという理由で、近所の店での買い物を避ける人はめずらしくありません。

しかしそのことが、結果的に体を動かすことにつながることもあるのです。

定期的に体を動かすことで、血行が良くなり、体の緊張がほぐれ、気持ちに変化が生まれるかもしれません。

適度な疲労感も生じ、食欲が増えたり、夜ぐっすりと眠れるようになったりする効果も期待されます。

睡眠がとれるようになると心身の回復にも役立ちます。気分が少しおだやかになることもあるでしょう。

ただし、つらい気持ちをまぎらわそうと弱った体を無理に動かすことは、逆効果になることもあります。

体調がすぐれないときは、十分な休息をとり、体を優しくいたわるほうが先かもしれません。

そのほうが生きていくための気力を取り戻す近道になるように思います。

まずは差し障りのない範囲でおこなうこともポイントの一つです。

みずからの体の声を聴きながら、簡単な体操や散歩などをしてみてはいかがでしょうか。

POINT
太陽の光を感じる。今日はそれだけでいい

Hint

7

朝起きて、
夜寝ていますか？

生活のリズムを
自分なりに整える

1

悲しみのうずのなかで

夜、眠れなくなったり、朝、起きられなくなったり、生活のリズムが乱れがちではありませんか。

大切な人を亡くして深い悲しみの中にいるときは、眠りが浅かったり、夜中に何度も目が覚めてしまったりすることもあります。

母親を亡くした60代の男性は、眠れないと吐露されていました。

「心も体も疲れているのに、なかなか眠れないんです。夜になると、母のことを思い出してしまって……。やっと寝つけても、風の音やちょっとした物音ですぐに目が覚めて、そしてまた母のことを考えてしまうんです」

日中は人と接する機会があって気がまぎれても、夜になると、さみしさがいっそう募ることがあります。

逆に、朝がつらいという人もいます。目が覚めて、亡き人がいないことを実感して、埋めようのない寂寥感に襲われるからです。

「今日もやっぱりいない……」と、夫のいないベッドをしばらく眺めることから朝が始まります」と話してくれたのは夫を脳腫瘍で亡くした60代の女性でした。

片づけることのできないままの亡き夫のベッドには、今もまだ夫の着ていたパジャマがそのまま置いてあるそうです。

「『片づければいいのに』と娘や息子は言いますが、それもできないんです」と寂しそうに話されていました。

とくに、同居していた家族を失い、ひとり暮らしになるなど、生活の環境が大きく変化した場合には、食事や睡眠を含め、これまでの生活習慣が一変しがちです。生活のリズムの乱れは、体の不調につながることもあります。

生活リズムを整えるための一つの方法として、毎日同じくらいの時間にベッドに入って、同じくらいの時間にベッドから出るのもいいでしょう。

先ほどの60代の男性は、眠れなくても毎日22時にベッドに入って、朝6時までは何があってもベッドで過ごすことにしたそうです。寝る時間、起きる時間を決めることで、ずいぶんと生活のリズムが整ってきたようです。

「母が生きていた頃のようにはいかないし、さみしいけれど、少しずつひとりの生活にも慣れていかなければいけないなと思うようになりました」

そう話してくれた表情は、以前よりもおだやかなように感じられました。

散歩のおかげで近所のつながりが

新しい生活環境に応じて、自分なりの生活のリズムを探してみてはいかがでしょうか。なるべく負担の少ない生活のやり方を考えてみるのがいいでしょう。

心と体は互いに関係しており、いくら気持ちの面で頑張ろうと思っても、体調が悪ければなかなか気力もわいてこないものです。生活リズムや体の調子を少しずつでも取り戻すことが、気持ちを整理する近道になると思います。

また、生活の時間を整えることで、社会とつながりやすくなる利点もあります。

先ほどの60代の男性は、決まった時間に散歩にも出かけるようにしたそうです。そうすると、毎朝「おはようございます」とあいさつを交わす人ができて、だんだんと立ち話をするようになりました。

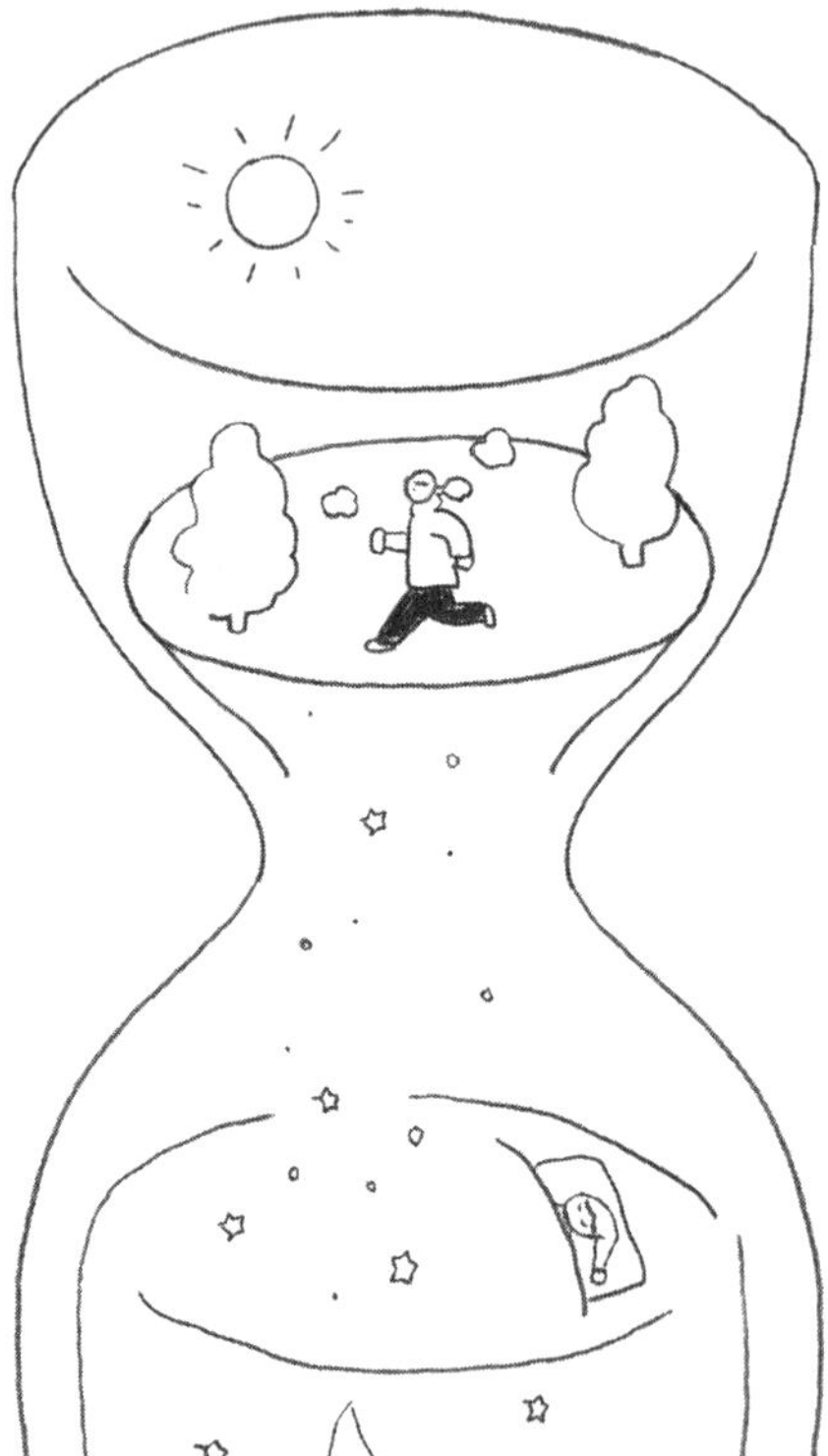

「これまで近所の人とのつながりはまったくなかったけれども、顔見知りになった人が増えてきました。来年は、小学生の登下校時間の見守り活動に参加してみようかなと思っています」

少し笑顔を見せながら話してくれました。

今はまだ今日のことで精一杯で、明日のことなんて考えられないかもしれません。ですが、生活のリズムが整い、気持ちに余裕が出てくれば、少し先の自分に目を向けられるようにもなります。

あせる必要はありません。場合によってはまわりの人の助けも借りながら、自分のペースで日々の生活リズムを少しずつ整えていくのがいいと思います。

POINT

寝る時間と起きる時間を決めることで生活リズムを整える

第２章

こころをみつめる

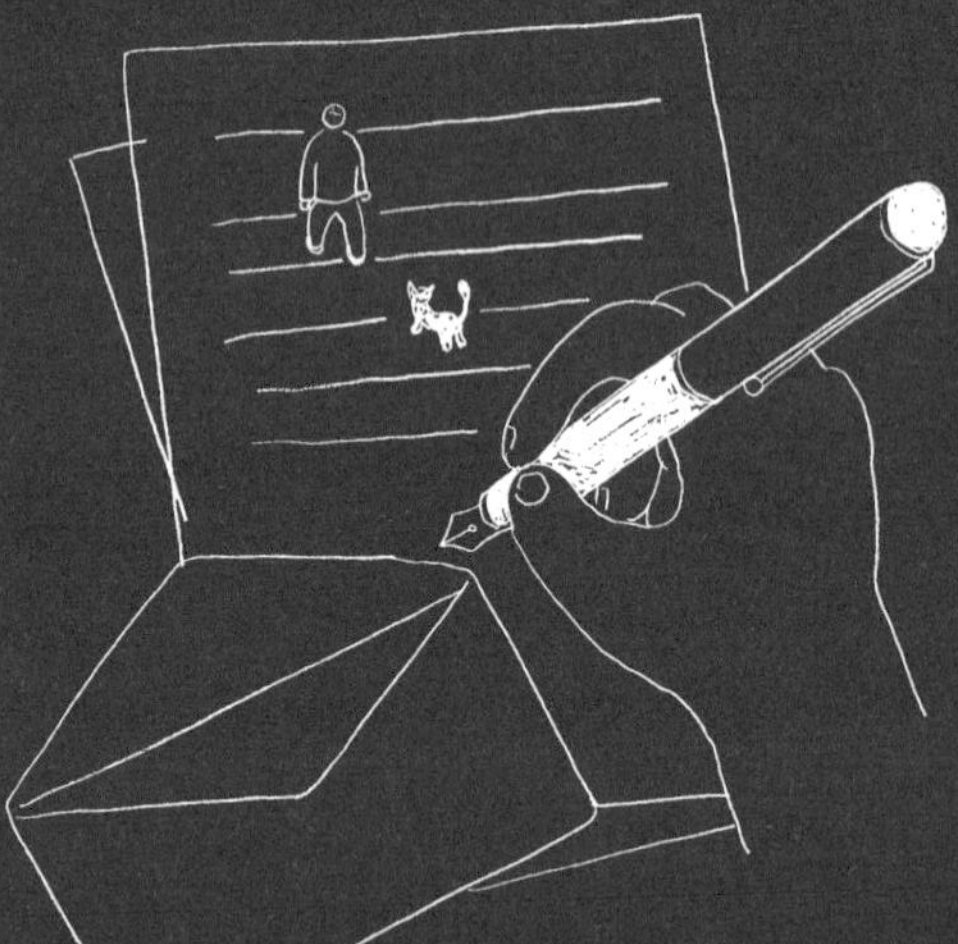

この悲しみはいつまで続くのだろう。
これからの人生はどうなってしまうのか。
どうしてわたしだけが……。
こころのなかは、「悲しみ」という
言葉だけでは足りないかもしれません。
そうした状況の人には、
「自分のこころをみつめる」を
おすすめすることがあります。
ただ、気持ちの整理につながる一方で、
とてもつらい時間になることがあります。
ゆっくりゆっくり、ときには休みながら、
あなたのペースで大丈夫です。

Hint

8

悲しいのは自分だけではない

知識や情報を

増やしてみる

自分が今どのような状態なのか、悲しみにどう向き合ってよいかもわからず、途方に暮れてしまうことがあります。

心の中で何が起きていて、自分はこの先どうなってしまうのか。

この悲しみがいつまで続くのか。

先が見えないことへの不安を感じている人もいるでしょう。

私どもの遺族会に来られる人の中にも、「この悲しみや苦しみはいつまで続くのですか」というような質問をされる人は多くいます。

自分が経験している死別という体験について、知ることが大切です。

関連する本や、自分と同じような経験をした人の体験談を読んでみてはいかがでしょう。死別を経験した人が書いている手記などを、インターネットやSNSで探してみるのも一つの方法です。

講演会や勉強会に出かけてみるのもいいかもしれません。

実際、私が出会ったご家族の中には、死別に関するたくさんの本を読み、マーカーで線を引いたり、付せんを貼ったりされている人も少なからずいて、何度か見せてもらったことがあります。

もちろん、とてもそんな気になれないという時期に、無理を押してまで読んだり、聞いたりする必要はなく、関心が向いたときでかまいません。

自分だけじゃないと勇気づけられて

また、老若男女を問わず、インターネットで「死別」と検索して、ご遺族の体験談を読んでいる人も多くいます。

死別体験についての知識や情報を得ると、今の自分が置かれている状況を客観的に受けとめ、自分がどのような状態なのか、心の中で何が起きているのかを理解できるようになることがあります。そうすると、少し安心できるかもしれません。

夫を亡くした40代の女性は、インターネット上で似たような死別を経験した人の体験談を読んだそうです。

「周囲の人はもう1年たったのだから……とか、いつまでも悲しんでいても……と言いますが、ずっと悲しくて寂しくてあたりまえなんだと思えるようになりました。私がおかしいわけではなくて……」

この女性は、同じような体験をしている人がほかにもいることを知って、「自分だけがこのような体験をしているのではない」と、勇気づけられたようです。

類似の体験をした人の話を聞いたり読んだりすることが、生きていくうえでのヒントを得たり、自分のこれからを少し見通せるようになることにつながります。

妻を亡くした50代の男性の次の言葉にもそれが表れています。

「本を読んでみて、悲しみは変わらないけれど、この身を裂かれるような苦しさが永遠に続くわけではないと思えるようになりました。そして、大切な人を亡くして悲しんでいるのは自分だけではないこともわかりました」

子宮がんで妻を亡くした70代の男性のお話です。多くの体験談を読んで、

「こんなにいつまでも悲しんで、生きる希望が見いだせなくなって、自分がおかしいと思っていたけれど、今はこれでいいと思えるようになりました」

と話されていました。

時間をかけて悲しみとうまくつきあえるようになった人を見て、自分もそのうちそうなるだろうという希望をもてるようになったそうです。

死別という体験について、体験談や書籍から知識を得ることは大事です。

とはいえ、見聞きしたことがすべて自分にあてはまることはないものです。

死別の体験は個人差が大きいため、とくに体験談の場合には、納得できて参考になるところもあれば、ならないところもあります。

得られた情報や知識にしばられすぎず、自分にとって役に立ちそうなものだけを選び取っていくのがいいかもしれません。

POINT
知識はいつかきっとあなたを支えてくれる

Hint

9

自分の気持ちを話してみて

言葉にすると
見えてくるものがある

大切な人を亡くすと、つらい、さみしい、悲しい、そんな単純な言葉だけではとうてい表すことのできない苦しみを経験します。

言い表せぬ気持ちや想いがつのり、胸が張り裂けそうに感じたりするのです。

自分の気持ちが、自分でもわからなくなってしまうこともあります。聞いてもらいたいことはたくさんあるのに、何から話していいのか、だれに話していいのかわからなくなる……。

気持ちが整理できないままの日々が、思っていた以上に長く続くこともあります。

「何から話していいのかわかりません」と私どものもとを訪ねてきたのは、60代の父親をがんで亡くした30代の女性でした。がんが見つかって、わずか6週間で旅立たれたそうです。

「聞いてほしいことはあるのに、言葉にするのは難しいですね」とつぶやき、当初は長い沈黙が続くこともありました。

だれかに話を聞いてほしいと思っても、「相手がわかってくれなかったらどうしよう、また傷ついてしまうかも」と心配になることもあるのです。

実際、この女性の場合も、次のような経験を話してくれました。

「お友だちに、『父親が亡くなって悲しい』って話したんです。そうしたら、『悲しいのはあたりまえだし、親はいつか死ぬよ』って言われてしまって……。それ以来、父のことをだれかに話すことがとても怖いんです」

自分の気持ちを言葉にするのは、とても難しいことです。

そして、自分の気持ちを話してみるのはすごく勇気のいることです。

簡単なことではありませんが、だれか信頼できる人に自分の率直な気持ちを聞いてもらうことで、複雑に交じり合った亡き人への想いや感情を少しずつ整理できるかもしれません。

安心して話すことができて、あなたの話にじっくりと耳を傾けてくれる人を見つけることが重要なポイントのように思います。

いくら身近で親しい人であっても、プライベートな話はしたくないという人は多くいます。先ほどの女性のように、勇気を出して話したとしても、残念ながら相手の反応が望ましいものではない場合もあるでしょう。

ここでなら話すことができる

同じような経験をした人に話を聞いてもらうのも一つの方法かもしれません。

似た経験をした同士だからといって気持ちをわかってくれるはずと思うのは過度な期待かもしれませんが、あなたの話にしっかりと耳を傾けてくれる可能性は高いと思われます。

「ここでなら話をすることができます」と私どもに言ってくれたのは、5年前に妻をすい臓がんで亡くした80代の男性です。

私どもの遺族会に初めて参加されたとき、さみしそうな笑顔で次のように話してくれたのが印象的でした。

「いつまでクヨクヨしているのかと思われるのがイヤで、今はもうだれとも妻の話はできないでいます。だけど寂しいし、今も妻が生きてさえいてくれたらと思います。

ひとりで妻の写真の前で泣いている日もあるんですよ」

それからも、ときおり会に来られては、奥様がどれほどの美人で、どんなに優しい人であったかを、いつもおだやかな口調で語ってくれました。

自分の気持ちをだれかに話すことは、無理強いされて行うことではないでしょう。人前で自分の気持ちを表現することに抵抗を感じる人も多くいます。

とくに年配の男性には、「人に泣きごとを言うべきではない」「人前で泣くべきではない」と考える人が少なくないように思われます。

また、亡くなった人のことを話せば、ふたをしていた想いが噴き出し、一時的に、より悲しみが深くなる可能性もあります。

人それぞれの気持ちの整理のしかたや、話したいと思うタイミングがありますので、気が乗らないときに無理に話そうとしなくてもかまいません。

自分の体験を言葉にして、話すことができるようになるまでに、ときにかなりの時間を要することもあるものです。

人生をともにしたのが妻でよかった

亡き人のことは、なかなか話題にしにくいかもしれません。ですが、よき話し相手がいれば、話してもいいのではないでしょうか。

ひとりで抱えきれなかった想いが少し軽くなります。自分の気持ちにあらためて気づくこともあります。

先ほどの80代の男性は、奥様とのたくさんの思い出を話していくなかで、あらためて人生をともにしたのが奥様でよかったと感じるようになったそうです。

「さみしさは変わらないけど、たしかに一緒に過ごした幸せな時間を思い出すことが増えました。

思い出に囲まれて生きていけるわけではないけれど、そんな妻に出会えたことをとてもうれしいと思うようになりました」

このように話してくれました。

ぐるぐると渦巻く感情も、言葉にしてみると少し整理できるかもしれません。

自分の内面を人に語ることの意味は、相手になんらかの反応を期待するというよりは、みずからの気持ちを距離をとって見つめなおせることにあります。

亡き人への言葉にできない想いや感情を、あえて言語化してみましょう。

その過程をとおして、自分が抱える今の気持ちがよりはっきりと見えてくるかもしれません。

POINT
聞いてくれる人や場所を選んで話してみよう

Hint

10

ただ書くだけでもいい

言葉にできない気持ちと向き合う

頭の中が混乱し、今まで経験したことのないような心の重さに、大きな戸惑いを覚えることがあります。ひとりでは背負いきれないほどの想いに押しつぶされそうになる人もいます。

気持ちや感情をありのままに表現することが大切だといわれても、個人的なことを人に話すのには抵抗を感じがちです。うまく話せるとは思えず、なかなか気が進まないという人もいるでしょう。

だれかに話を聞いてもらいたいと思っても、ふさわしい相手が思い当たらないこともあります。家族や友人・知人などいくら親しい人であっても、あるいは身近な人だからこそ、あるがままを話しにくい場合があります。

自分の気持ちを文字で書くことは、気持ちを表現する効果的な方法の一つです。

50代の父親を亡くした20代の女性が、私どものところに訪ねてきてくれたことがあります。

「つらさや寂しさや後悔が渦巻いていて、まったく自分の気持ちが整理できないんです」と話されていました。この女性には、文章にならなくてもいいので、毎日頭に思い浮かぶ言葉を書いてみることをおすすめしました。

最初の頃はノートに、単語だけが書き連ねられていただけだったように思います。それが、一行の文章になり、やがて日記になっていきました。

その後、お父様への手紙も書かれました。

この女性のように、今の気持ちをひと言やふた言だけでも書いてみることから始めてみるといいでしょう。

うまく書こうと思わずに、頭に思い浮かんだ言葉を書くだけでいいのです。ほかの人に見せる必要はないので、まとまりのない内容であっても問題ありません。

日記だったら、毎日一行ずつ書いてみるだけでもいいと思います。

亡き人に対して、手紙というかたちで気持ちを書いてみるのもいいでしょう。良かったことも悪かったことも含めて、生前には伝えることのできなかった想いを書いてみてはいかがでしょうか。

そして、少し難しいですが、亡き人からの返事のメッセージを想像してみるのもいいかもしれません。

詩や短歌にしてみる

話したり、書いたりする以外にも、詩を作ったり、絵画を制作したりすることなども気持ちを表現するいい手段です。

日本人は古来より俳句や短歌を愛し、ともに生きてきたといわれています。

日本最古の和歌集とされる万葉集《まんようしゅう》の中には、亡くなった人の死を悼む挽歌が数多く収録されています。

当時、歌は亡き人の心に届くと考えられていたそうです。

世間し　常かくのみと　かつ知れど　痛き心は　忍びかねつも

この句は、万葉集の編纂者・大伴家持《おおとものやかもち》が、奥様を偲んで詠んだ一首です。

世の中はいつもこのようになると薄々は知っていたけれど、それでもつらい心は辛

抱しかねるという意味です。知識としては知っていた死別の悲しみを、自分が実際に経験して初めて実感として知ったことを表現しています。

自分の気持ちを言葉にしたり、短歌や詩にしたり、絵として描いたりするなどして、表現すると、さまざまな気づきがあるものです。

みずからの感情や想いを文字や形にすることで、自分を客観的に見ることができ、自分の気持ちを少しずつ整理できるのかもしれません。

とらわれていた感情から解放され、今まで気づいていなかった感情や、無意識におさえていた想いに気づいたり、新たな気持ちが芽生えたりすることもあるでしょう。

複雑な感情や想いが整理されるにつれて、少しずつ気持ちも落ち着き、今の自分にとって大切なことも見えてきます。

自分の気持ちを書くという行為は、自分の感情や想いと向き合い、対話する地道なプロセスであるといえます。

手紙を書くことで少し気持ちが変わった

「書くこと」は、「話すこと」よりも難しいと感じる人もいると思います。話すときのように表情や声に気持ちをこめることができないからです。ですが、ゆっくりと自分のペースで気持ちと対話できることが、「書くこと」のよさではないでしょうか。

どのような方法であれ、表現するなかで自分の気持ちと対話することにこそ意味があるのです。

先ほどの20代の女性は、亡き父親の手紙に「ごめんね。助けてあげられなくてごめんね」と書き綴っていました。

あるとき、「あなたがごめんねと謝ったら、お父様はなんて答えると思う?」と問いかけると、しばらく考えてからこう答えてくれました。

「『いいよ』でも、『気にしないでね』でもなく、『なんのこと?』って言いながら頭をなでてくれるような気がします」

「助けてあげられなくてごめんね」という彼女の想い自体は変わらないままでしたが、「お父さんの温かい手を思い出して少しホッとしました」と話してくれました。

手紙を書くことも含め、気持ちを文字や形にするのは、人によってはつらい作業になる可能性もあります。くれぐれもあせらないことが大切かもしれません。

死別から日がたっていない時期に、無理をして書くと精神的につらくなることもあります。

自分の気持ちに少し余裕ができたときに、気が向いたのなら試してみるといいでしょう。

POINT
書くことは、自分の気持ちとの対話になる

Hint

11

「考えない」時間も大事に

悲しみから
距離を置く

亡き人のことばかり考えてしまい、何も手につかず、悲しみに暮れる日々を過ごしている人は多いのではないでしょうか。

これからの生活や先の人生を考えると、不安でしかたないという人もたくさんいると思います。

考えれば考えるほど気持ちが落ち込み、つらくなってくることもあるかもしれません。

「何も考えたくない」「すべてを忘れてしまいたい」と、何もかも投げ出してしまいたくなる日もあります。

悲しみのあまり、亡き人のことさえも考えたくないと思ってしまう人もいることでしょう。

「考えることに疲れてしまって……。パソコンのように強制終了するボタンが私にあったらいいのに……」

このように話してくれたのは、在宅での介護を長く続けた末に、母親を看取った60代の女性です。

「家のどこにいても、母との思い出にあふれていて、頭の中はいつも母のことでいっぱいなんです。母は在宅介護で幸せだったのか、私は十分な介護ができたのか……。もっとこうしておけばよかった、あれも食べさせてあげたかったと、同じことをぐるぐると考えてしまう。もう疲れてしまって……。

何も考えたくないし、母がいたことも忘れたいと思うことさえあるんです。薄情な娘ですよね……」

あれこれ考えすぎてしまってどうしようもないときは、「考えない」ことも、一つの知恵ではないでしょうか。今のつらい時間をやりすごすのです。

いろいろなことを考えずに、目の前のことだけに集中してみるといいかもしれません。仕事や家事、趣味など、時間に追われながら、一日を淡々と過ごすのもいいと思います。

亡き人のことを忘れようとするのではありません。

その必要はないですし、そもそも忘れようと思っても、忘れられるものではないでしょう。

日常の生活に没頭して、亡き人のことを考えずに、悲しみから距離を置くといえばいいかもしれません。

何も考えたくない日は水回りの掃除

乳がんで母親を亡くした60代の女性は、次のような話をしてくれました。

「何も考えたくない日は、家の水回りの掃除をすることに決めています。トイレやお風呂や台所を、一心に磨くんです。少しの間だけど、何もかも忘れることができて、時間が過ぎていることがあります」

また、「妻は旅行に行っていると思って毎日を過ごしている」と話す70代の男性もいました。

「妻が亡くなったことを忘れたいんです。今もどこかで生きているって、そう思いたい。だから僕は妻がいつ旅行から帰ってきてもいいように、家を掃除して、食事を作っ

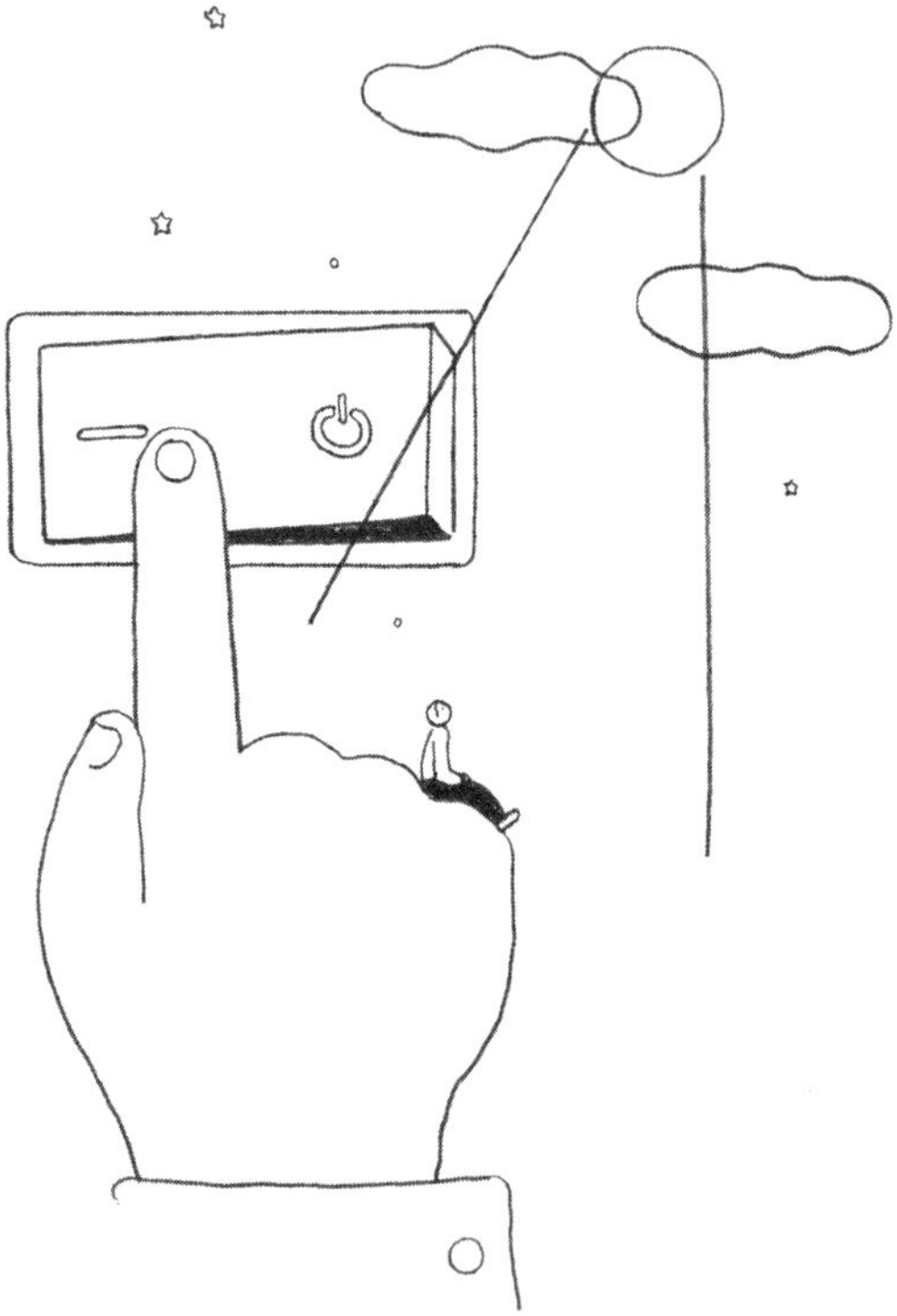

て、淡々と生活しています」

わずかな時間だけでも何かに没頭する時間をもつなど、亡き人のことを意識して「考えない」時間を作るのです。

そうすることで、どうしようもなくつらい時間を多少なりともやりすごせるかもしれません。

悲しみから離れることが、以前の日常の感覚をわずかでも取り戻すことにつながるように思います。

自分なりのやり方で、悲しみとうまく距離をとる方法を知ることは、これから先、悲しみとともに生きていくあなたを支えてくれるでしょう。

働いている間は妻のことを考えずにすむ

妻を亡くした60代の男性は、こんな行動をとられたそうです。

「葬儀の翌日から仕事に行っています。周囲は驚きますが、働いている間だけは妻のことを考えなくてすむんです。妻が亡くなったことを夢のように思うこともあって……。今は仕事があってよかったって思いますね」

この男性のように、仕事に没頭することで気をまぎらわすのも、悲しみとともに生きていくための一つの知恵です。

ただ、心身ともに疲弊しているときにはあまりおすすめしません。忙しくしすぎることは大きな負担になりかねないからです。その点は留意する必要があるように思います。

また、人によっては、亡き人を思い出すことや、思い出させるような物や場所などを極度に避けようとしている場合があります。

「考えない」時間、悲しみから距離を置くことは大切であり、一時的であれば、こうした回避的な行動は問題ないように思います。

しかしながら、自分の気持ちにふたをして、現実に直面することをことさらに回避しようとすることは、結果的に悲嘆を長引かせる可能性もあります。

自分のペースでかまわないので、少しずつ悲しみに向き合っていくことも考えてもいいかもしれません。

人生を前向きに生きることは大切であるとよくいわれますが、前向きになることにこだわらず、しばらくは後ろ向きのままでもいいと思います。

崩れそうな自分自身をこらえつつ、なんとか日々の生活の中で今の自分にできることをだましだましこなしていくうちに、結果的に物事が好転することもあるのではないでしょうか。

POINT

「1時間だけ」「今日だけ」考えないようにする。その積み重ね

Hint

12

気分転換に
どこかへ

いつもと違うことに

目を向ける

大切な人が亡くなった日から、まるで時間が止まってしまったかのように感じてしまうことがあります。

生活することに精一杯で、何もやる気が起きず、ほかのことにはなかなか目が向かない……。だれとも会いたくなくて、なるべく家から外に出ないようにしている人もいます。

とはいえ、人によっては、死別から時間がたつにつれて「ちょっと外に出てみようかな」という気持ちになることがあります。大切な人を失って見えなくなっていたことに、少しずつ目が向けられるようにもなっていったりします。

体調が悪くなければ、ふだんの生活から少し離れて、いつもとは違う時間を過ごしてみてはいかがでしょうか。

日々の習慣や決めごとにとらわれない時間を過ごすことは大切です。

父親を肝臓がんで亡くした30代の女性の場合です。死別してから仕事以外は自宅にこもりがちだったのですが、半年が過ぎた頃、ふと思い立って、父親との最後の旅行で訪れた場所に再び足を運んだそうです。

「焼き物の好きだった父に誘われて歩いた街を、ひとりでゆっくり歩いてきたんです。父と娘のふたり旅はあれが最初で最後でした」

そう話してくれました。旅先では、こんなことに気づいたそうです。

「父が亡くなったのは秋だったのですが、外はもう春の日差しで驚きました。自宅と会社の往復でまったく気がつきませんでした。今年の冬はどこへ行っちゃったんですかね……。

父と歩いた坂道を歩いて、季節が変わっていたことに気がついて、ようやく一歩進めたような気がします」

外に出かけて、自然にふれてみるのもいいでしょう。自然や季節のうつろいを感じられます。

自然の中に身を置くことで、いつもとは違うものに目を向けることができるようになるかもしれません。

空の広さや、やわらかな日差し、心地よい風、道ばたに咲く花や土の匂い、川のせせらぎ、虫の声などに心が寄せられるようになるでしょう。そうした自然の情景が、張りつめた気持ちを優しくつつんでくれます。

お遍路を歩いて気づいたこと

お寺や神社、教会などへ出かけてみたり、信仰の対象となるような場所を訪ねてみたりする人もいます。

四国八十八箇所を巡礼、いわゆるお遍《へん》路《ろ》をされた人の話もときどき耳にします。

ご主人を亡くしてひとりで遍路修行に出られた60代の女性は次のように話してくれました。

「同行《どうぎょう》二《に》人《にん》という言葉は知っていましたが、お遍路をひとりで歩いてはじめて、『ひとりではあるけれどひとりではない』と思えるようになりました。

お遍路の旅の時間、地元の方のお接待にふれながら、弘《こう》法《ぼう》大《たい》師《し》がそばにいてくれたように、残りの私の人生も姿の見えない夫が一緒に歩いてくれると信じています」

こうした信仰の場には、癒しや救いを感じられると話す人も少なくないように思います。

いつもとは違う非日常的な空間や時間は、新たな気づきを生むこともあるでしょう。張りつめた心にしばしの休息を与えてくれることもあるでしょう。

まだまだ知らない夫がいた

わざわざ遠方まで出かけなくても、身近なところで、いつもと違うことに目を向けることもできたりします。

ふだん歩く道から少し寄り道してみるのもいいと思います。近所を散歩したり、ガーデニングを楽しんだりすることでも、自然を感じられるでしょう。

これらは、自分のペースで、ひとりでもできるところが利点で、人づきあいのわずらわしさもありません。

体調がよく、天気もよい日に、とくにあてもなく出かけて、ぼんやりと時を過ごすのもいいでしょう。

自分が「ふと思った」「心が動いた」、そんな場所に出かけることをくり返していくうちに、少しずつ何かが変わってくることがあります。

行き先はどこでもかまいませんが、なんとなく気になった場所を訪れてみてはいかがでしょうか。

懐かしい音楽を聞いたり、いつか見たいと思っていた映画を鑑賞したりするなど、ふと思ったことを試してみるのもいいと思います。

夫を亡くした50代女性のお話です。

このように今の生活について教えてくださいました。

「夫の部屋にこもって、夫の遺したCDを一枚ずつ聞いていくことが毎日の日課です。生きているときに一緒に聞いたことはなかったんだけどね。まだまだ知らない夫がいたんだなあと思いながら、感慨深く聞いています」

いつもと違うことに目を向けてみることで、亡き人があなたに伝えたいことに気づくことができるかもしれません。

あの日から止まった時間の中にいるあなたが、「ふと思い立ったこと」に導かれて、季節のうつろいや自然の美しさ、心地よい音楽にふれる時間をもつことで、変化が訪れるやもしれません。

すぐには難しいとしても、いつかは気持ちに変化が生じるように思います。

身動きできずにいた時間から、自分の力で動き出すことができるのではないでしょうか。

POINT
「ふと思い立ったこと」をやってみる

Hint

13

休むだけでも大切な一日

あえて

ひとやすみする

死別後は、大切な人を亡くした喪失感に加え、その死に関連したさまざまな問題に直面し、心身ともに疲れ果ててしまいがちです。

気持ちばかりがあせって、なかなか物事が思うように進まないこともあります。

父親と母親を立て続けに亡くした50代の女性は、ゆっくりと悲しむヒマもなく、遺産相続のことや、実家の処分に追われていました。煩雑な手続きがなかなかうまく進まないこともありましたが、実家がなくなることが寂しくて早く進めたくないという思いもありました。

そのような複雑な思いが重なり、心身ともに疲れ果てている様子でした。

心も体も疲弊しているときは、ゆるりと休むことを「今日の仕事」にしてみましょう。

何もしない日を作るのです。

目を閉じて横になるだけの時間を過ごしてみます。

何もしないことを難しく感じる人もいると思いますが、あえて休むことも長い人生の中で、ときには必要だったりします。

何もしない日を意識的に作って、のんびりと一日を過ごしてみてはいかがでしょうか。

1回やすみ

「お休み」と決めて美容院や買い物に

先ほどの50代の女性は、壁に掛けているカレンダーに「お休み」と書き込むことから始めました。

やらなければならないことがたくさんあるときに、「今日は何もしない」と心に決めて、休むことはとても難しいことです。

最初の頃は「お休み」と書いていても、実家の片づけをしたりして、うまく休むことができなかったそうです。

その後、「お休み」と決めた日には私どものところを訪ね、その帰りに美容院に行ったり買い物に出かけたりと、自分の時間を過ごされるようになりました。

何もせずに休むことに対して、少なからず罪悪感を覚える人もいるでしょう。もちろん置かれている状況しだいで、ゆっくり休むことが難しいこともあります。

しかし、自分の心や体の状態によっては、短い時間であっても、今ここでしっかりと休むことを優先したほうがいいこともあるものです。

ここでの休息が長い目で見たときに、結果として、その後の生活をいい方向に導くことになると思います。

ひとやすみすることは、体の休息だけでなく、心のやすらぎにつながります。少し立ち止まってみることで時間がゆっくりと流れるように感じ、これからを生きるための活力が少し戻ってくることがあります。

先ほどの女性は、「『お休み』をあえて作ることで、物事がうまく進んでいくようになった気がします」と話してくれました。

両親の死からおよそ1年が過ぎた頃、すべての手続きが終了し、彼女の実家の建物は取り壊され、更地になりました。

「寂しいな……とは思いますが、それと同時に、自分もよく頑張ってきたなと思えるようにもなりました」と、少し吹っ切れたような表情で話してくれました。

無理に急いで前へと動かなくてもいいと思います。

時間がたつにつれ、少しずついろいろなことが考えられるようになってくるはずです。

悲しみとともに歩む長い長い道のりにおいて、あえてひとやすみする時間も必要ではないでしょうか。

POINT

「お休み」にすることも大切なあなたの仕事

第3章

まわりを
みわたす

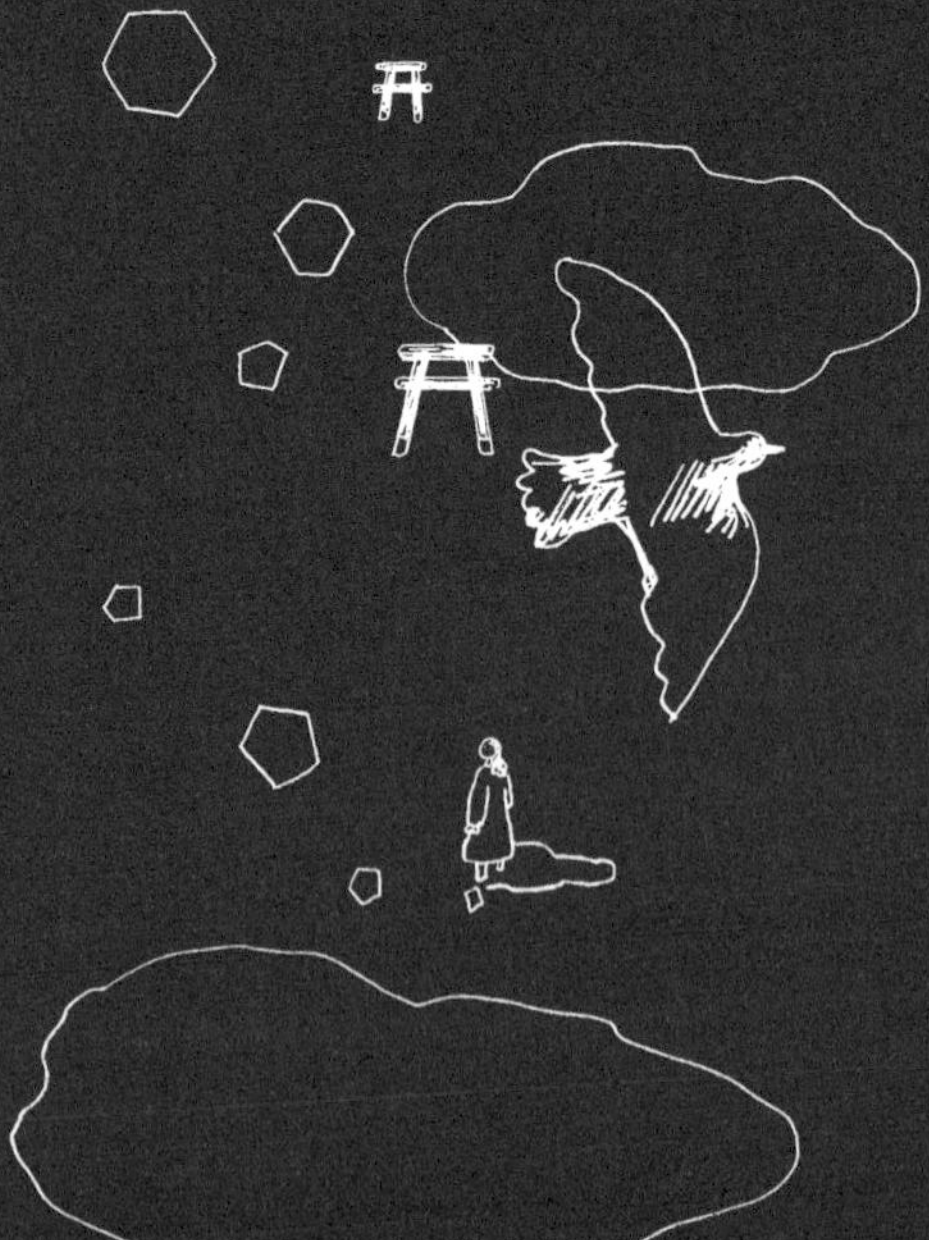

ひとりぼっちになったように、
あなたは感じているかもしれません。
でも、助けになってくれる人が
きっとどこかにいるはずです。
深い悲しみのうずの中にいるあなたに
どう声をかけていいのかと
悩んでいる人もいるかもしれません。
ときには、周囲の人の言葉に
傷つくこともあるでしょう。
似たような経験をした人との出会いが、
あなたの苦しみをそっと
やわらげてくれるかもしれません。

Hint

14

お言葉に甘えてみませんか？

遠慮しないで

厚意を受けとる

「頑張らなくては……」と思っても、今のあなたは、ひとりで頑張るにはあまりにつらい状況に置かれているのかもしれません。

それでも、人に迷惑をかけたくないからと、ついつい遠慮してしまいがちになっていないでしょうか。

自分の力でなんとか頑張っていこうという気持ちはもちろん尊重されるべきですが、自分だけでできることには限界があるのも事実です。

夫を亡くしてひとり暮らしになった80代の女性は、手が少し不自由で、以前は夫に助けてもらいながら生活をしていました。ペットボトルの蓋を開けたり、洋服のボタンをとめたりなど、思うようにできなくて困ることが多くあるそうです。

「私にできることがあれば、なんでも言ってね」と、まわりの人からは声をかけられます。けれども、何をお願いすればいいのかがわからずにいました。

「こんなことをお願いしてもいいんだろうか」「迷惑ではないだろうか」と考えると、だれにもお願いすることができなかったそうです。

そんな中、ふだんの生活で、ひとりではどうしようもないこともありました。

「実はね、炭酸飲料が大好きなんだけれども、あれだけはキャップを開けないと飲めないのよね……。夫がいないと、好きなものも飲めないわ」

ふとさみしそうに話されました。

こうした小さな我慢も、日々の生活の中で積み重なってくると気持ちが苦しくなることもあります。

身近な人が力になってくれそうなら、ときには遠慮しないで、その厚意に甘えてみることも大切かもしれません。

周囲の人の手助けを受け入れてみたり、できないことは人にゆだねてみたりすることもいいと思います。

お世話になった人に対しては、「すみません」と恐縮するのではなく、「ありがとう」と素直に感謝の気持ちを伝えることも大切かもしれません。

感謝の言葉をそえて、「甘えること」を頑張ってみてはいかがでしょうか。

小松菜のおひたしが食べたい

妻を亡くした70代の男性は、料理が苦手で、市販のお弁当ばかりを食べていました。男性の体調を心配した亡き妻の友人が、ときどき作り置きのおかずを届けてくれたり、「食べたいものがあったら遠慮なく言ってね」と声をかけてくれたりしたそうです。

でもこの男性は、気づかいに感謝しつつも、厚意に甘えてしまうと迷惑をかけることになると思い、長い間、食べたいものを伝えることができなかったようです。

あるとき勇気を出して「妻が作っていた小松菜のおひたしが食べたい」と伝えてみました。すると、妻の友人はその日のうちに作って届けてくれたのです。

「妻のものと同じ味ではなかったけど、うまかったよ」と目に涙をためて、その話をしてくれました。

人の世話にはなりたくないという思いは理解できますが、自分だけで対応するのが難しい場合もあります。そんなときは、人に頼って、助けてもらうことも必要ではな

いでしょうか。

想像以上に、まわりの人が大きな支えになってくれることもあるものです。

先ほどの小松菜のおひたしをリクエストした男性は、その後もときどき「妻の作った○○が食べたい」とお願いをしていました。

すると、ある日、その亡き妻の友人から「庭の掃除を手伝ってほしい」と頼まれたそうです。奥様が元気だった頃は、そんな付き合いはまったくなかったのに、亡き人の死をきっかけに新たな良い関係が生まれることもあるのです。

その人たちとの交流をとおして、人の優しさや温かさを感じ、人に支えられて生きていることを実感できるでしょう。

大切な人を失ったあと、人によって傷つけられることもあるかもしれませんが、あなたを支えてくれるのもまた人なのです。

POINT

ひとりで頑張らなくてもいい。ときには甘えてみる

Hint

15

みんなあなたを大切に思っている

自分から「助けて」「手伝って」と言ってみる

大切な人を亡くしたとき、自分の気持ちはだれにもわかってもらえないと感じることがあります。

まわりに人はいても、自分はひとりぼっちだと感じてしまうのです。

母親を心疾患で突然に亡くした40代の女性は、「私はひとりぼっちになりました」と私どものところに来られました。

「私の一番の理解者であった母が亡くなって、体の中にぽっかりと穴が空いてしまったようなのに、兄も夫も子どもたちも、そんな私の気持ちを気づかってもくれないんです。

もう私のことを思ってくれる人はだれもいなくなりました。

母はいないのに、夫と子どもたちとは何も変わらない生活が続いていくことが苦しくて……。『大丈夫、大丈夫』と自分に言い聞かせることでなんとか日々を過ごしています」

このように気持ちを打ち明けてくれました。

自分に対して「大丈夫」といくら言い聞かせても、気がつくと限界を超えていることがあったりします。

「助けてほしい」「手伝ってほしい」という言葉は、簡単には言いにくいものかもしれません。身近な人であっても、心配をかけたくないという思いもあって、なおさら言いづらいこともあります。

一方、まわりの人もひどく落ち込んでいるあなたの姿を見て、力になりたいと思いつつも、どのように接していいかわからないでいる場合があります。あなたから頼られるのを待ってくれている人もいるのかもしれません。

「なんて声をかけていいかわからなくて」と友人

先ほどの女性はある日、学生時代の友人に電話をして、自分の今の状況を話してみたそうです。

すると、こんな声が返ってきたとのことです。

「心配していたの。だけど、なんて声をかけていいかわからなくて、あなたからの連絡をずっと待っていたのよ」

それからは、ときおりその友人に電話をして話を聞いてもらうようになったといいます。

小学生のときに母が作ってくれたクッキーがとてもおいしかったことや、やっと買ってもらったキャラクターのレッスンバッグの前面に母がペンで大きく名前を書いてしまって、自分が大泣きしたのに母が大笑いしたことなど。そのような母との小さなエピソードを思い返し、話すことが、いつの間にか彼女の心をおだやかにしていきました。

自分では抱えきれない想いや困難がある場合には、信頼できるまわりの人に、自分から頼ってみることも大事ではないでしょうか。

だれかに頼ることは、人によっては簡単なことではないかもしれません。

ほかの人に迷惑をかけたくないと思う人もいれば、弱いところを見せたくないという人もいるでしょう。

SOS

年配の男性は頼り下手な印象がありますが、性別や世代による違い以上に、個人差が大きいように思われます。

あなたからのSOSを待っている人が、すぐ近くにいるかもしれません。

思いきって頼ってみると、期待していたよりも大きな力になってくれることもあると思うのです。

勇気を出して上司に母の死を伝えると

ある40代の女性は、母が亡くなったことをだれにも言えずにいました。気持ちの整理がまったくできないまま、これまでどおり仕事をしていたそうです。

とはいえ、急に涙が止まらなくなることが何度かあり、欠勤することが増えていきました。

勇気を出して、上司に母親が亡くなったこと、その悲しみからまったく立ち直れていないことを伝えたところ、「待ってるから。ゆっくり自分のペースで仕事に戻ってきたらいいよ」と返してくれたそうです。

この女性のように、日常かかわる職場の人や身近な人などに、今の自分の状況を話しておくのはいいことだと思います。自分の気持ちを理解し、味方になってくれる人がいると、とても心強く思えるでしょう。

ときおり私どものところに、「大切な人を亡くして悲しんでいる友人にどう声をかけたらいいのでしょうか」と相談に来られる人がいます。

力になってあげたいのにどうしていいかわからない……。周囲の人の正直な気持ちなのだと思います。

周囲に心配や迷惑をかけまいと過度に遠慮することが、相手のためになるとはかぎらないものです。

あなたに頼りにされることは、まわりの人にとってうれしいことである場合もあります。

だれもが人生の中で、大切な人の病気や死に直面するなど、つらく苦しい時期があります。

「お互いさま」という言葉があるように、いつか自分が今の経験を糧に、支えてくれた人や別のだれかを支えることができればいいのではないでしょうか。

今はあなたが助けてもらってもいいのです。

POINT
あなたからのSOSを待っている人がいる

Hint

16

まわりの人を気にしない

周囲の言葉や期待をやりすごす

つらい時期や状況によっては、周囲の人の期待にいつものように応えられなくて当然ともいえます。

にもかかわらず、しばしば期待に応えようと頑張りすぎてしまう人がいたりするものです。

まわりの人にどう思われているのかが気になってしまう人もいます。人の目を気にして、無理に元気さをよそおってしまうのです。

10年前に父親を亡くした30代の男性は、「この10年間、自分が家族を支えなくてはいけないと懸命に生きてきた」と話してくれました。

この男性の母親は病気がちだったらしく、父親が亡くなったとき、周囲の人から「これからはあなたがお母さんを守るのよ」とそろって声をかけられたそうです。そして、彼はその言葉のとおり生きてきたのです。彼はこんな言葉も口にしていました。

「20代の頃、まわりの友人は旅行に行ったり、恋愛をしたり、楽しそうにしていました。僕にはその時間がまったくなかったように思います」

「もう元気になった?」と聞かれるのがイヤで

SNSを通じて伝わってくる友人や知人のあたりまえの日常に、心が苦しくなることがあります。

「自分だけ取り残されている」というあせりが生まれたり、あふれる情報におぼれてしまいそうになることもあります。

SNS上での人とのつながりは心のよりどころにもなりますが、ふとした言葉に傷つくこともあるでしょう。友人や知人の写真を見て自分だけが取り残されたような疎外感を抱いたりすることもあるのです。

夫を失った40代の女性は、次のように話してくれました。

「夫を亡くして半年ほどたった頃だったでしょうか。家族ぐるみでお付き合いをしていたご夫婦が旅行した際の画像をSNSにあげられていました。

前回は一緒に旅行したのに、どうして私だけが今こんな思いをしているんだろうか、なぜ亡くなったのが夫だったのかと、ついスマホを床にたたきつけてしまいました」

「SNSから離れてみるのも一つの方法ですよ」とお伝えしたところ、その女性は思いきってSNSのアカウントを削除することにしたそうです。

SNSでのつながりを断つと、最初は自分だけが置いてきぼりになったようで不安を感じたそうですが、慣れてくるとゆっくりと自分の気持ちと向き合うことができるようになったといいます。

「ひとりで過ごす時間も大切ですね。まわりの声に惑わされずに、自分の気持ちを大事にできるようになったような気がします」

以前よりもおだやかな口調で話してくれました。

「友人に『もう元気になった？』と聞かれるのが一番イヤでした」と話してくれたのは母親を亡くした40代の女性でした。

「悪気があって言っているわけではないことはわかっているんです。ですが、その言葉を聞くと、いつまでも悲しんでいないで早く元気になりなさいって言われているような気がするんです」

このように話されていました。

その女性は、親切から言ってくれるまわりの次のような言葉にも傷ついてしまったようです。

「『親は順番だから悲しんではいけないよ』『いつまでも泣いていると、お母さんが成仏できないよ』と言われると、どうして私の気持ちをわかってくれないんだろうと怒りを覚えてしまうことがあって……。そんな感情をもつ自分を腹立たしく思うんです。情けない」

まわりの人の不用意な言動に怒りを感じる一方で、そのような感情をもってしまう自分自身に対して罪悪感を抱くこともあります。

ほかの人の期待に応えようと無理をしてまで頑張る必要はないのではないでしょうか。

身近な人の何気ないひと言であっても心に刺さってしまうことがあるのです。

大切な人の死によって痛んでいる心が、さらに傷ついてしまうのはとても残念に思います。

よかれと思っての言葉に傷つく

そのときの状況にもよりますが、周囲の人のことをあまり気にしすぎずに、まずは自分の気持ちを優先することが大切なように思います。

「あきらめるしかしょうがない」「今を生きるしかない」と現実を突きつけてくる人もいます。

「あなたはまだマシですよ」とほかの人と比べて死別の重みを和らげようとする人もいるでしょう。

死別はだれもが一度ならず経験しますが、その体験や向き合い方は人によって大きく違うものです。まわりの人がよかれと思って発した言葉が、自分にはいいと思えないことはよくあります。

ここでやっかいなのは、その人たちに悪意はなく、多くの場合、悲しんでいる人を慰めたり励ましたりしようと、言葉を発していることです。

もしそのような人たちに出会ったなら、彼らの言葉をあまり正面から受けとめずに、聞いているふり、わかったふりをしてやりすごすことが賢明だと思います。

まわりの人のことを気にしすぎないようにすると、自分なりのペースで、過ごすことができるようになります。

SNSから離れることもときに大切です。よけいな情報に悩まされることが少なくなるのではないでしょうか。

POINT

聞いているふり、わかったふり、やりすごすことも一つの方法

Hint

17

相談できる人はいますか？

専門家や地域社会のサービスを利用する

3

まわりをみわたす

相続問題やお墓に関する問題、実家の処分、生活環境の変化などに直面し、途方に暮れてしまうことがあります。自分や家族だけでは、対処することが難しい場合も多いものです。

父親と母親を続けて亡くした50代の女性は、実家の片づけや相続などの手続きに頭を悩ませていました。頼れる親族はおらず、途方に暮れていたところ、インターネットでたまたま見つけた弁護士の先生にとても助けられたそうです。

「初めての経験に、自分だけでは対処できないことがたくさんあって、悲しむどころか目の前の書類に追われていました。親身になって手伝ってくれる先生に出会えて、なんとか落ち着いたんです」

こう安堵された様子で話していました。

気分が落ち込んだり、眠れなかったりするなど、心身の不調が長く続き、ふだんの生活にも支障が生じることもあります。

死別にともなう悲嘆は自然な反応であり、病気ではないものの、ときにうつ病やほかの精神疾患におちいる人がいるものです。

精神的なつらさが長く続き、日常生活にも支障が生じている場合には、精神科医や心療内科医、公認心理師など、心のケアの専門家に頼ってみるのがいいかもしれません。症状によっては薬を用いた治療が適切な場合もあります。

専門家につながることでラクに

施設でのショートステイ中に父親を亡くした60代の女性は、「自分が施設に預けさえしなければ父は死ななかったのに……」と強く後悔されていました。

食欲がなく、お会いするたびに見るからに痩せ細っていったので、この女性には心療内科の受診をすすめました。

受診した心療内科の先生は、ゆっくり時間をかけて彼女の話に耳を傾けてくれたそうです。

地域の精神保健福祉センターや保健所などには、心の問題に関する相談窓口が設置されており、電話相談を実施しているところもあります。

そうしたサービスを利用してみるのもいいと思います。

専門家には守秘義務がありますので、打ち明けられた個人的な情報はけっして口外されることはありません。プライバシーも厳守されるため、安心して話すことができるのではないでしょうか。

心の相談サービスだけではなく、今直面している生活上の問題や法律問題など、具体的な困難の解決のために利用できるサービスもあります。

自分の困りごとについてどこに相談に行けばいいのかわからない場合は、お住まいの市区町村に問い合わせてみてください。

それぞれの地域で利用できる相談窓口やサービスをうまく活用しましょう。

専門家に相談することで、問題の改善や解決に近づくことができます。もちろん解決が難しい問題もありますが、わからないことを相談できる専門家の存在は心強く感じられます。

近しい人には話しにくいことも、その分野の専門家になら話せるということもある

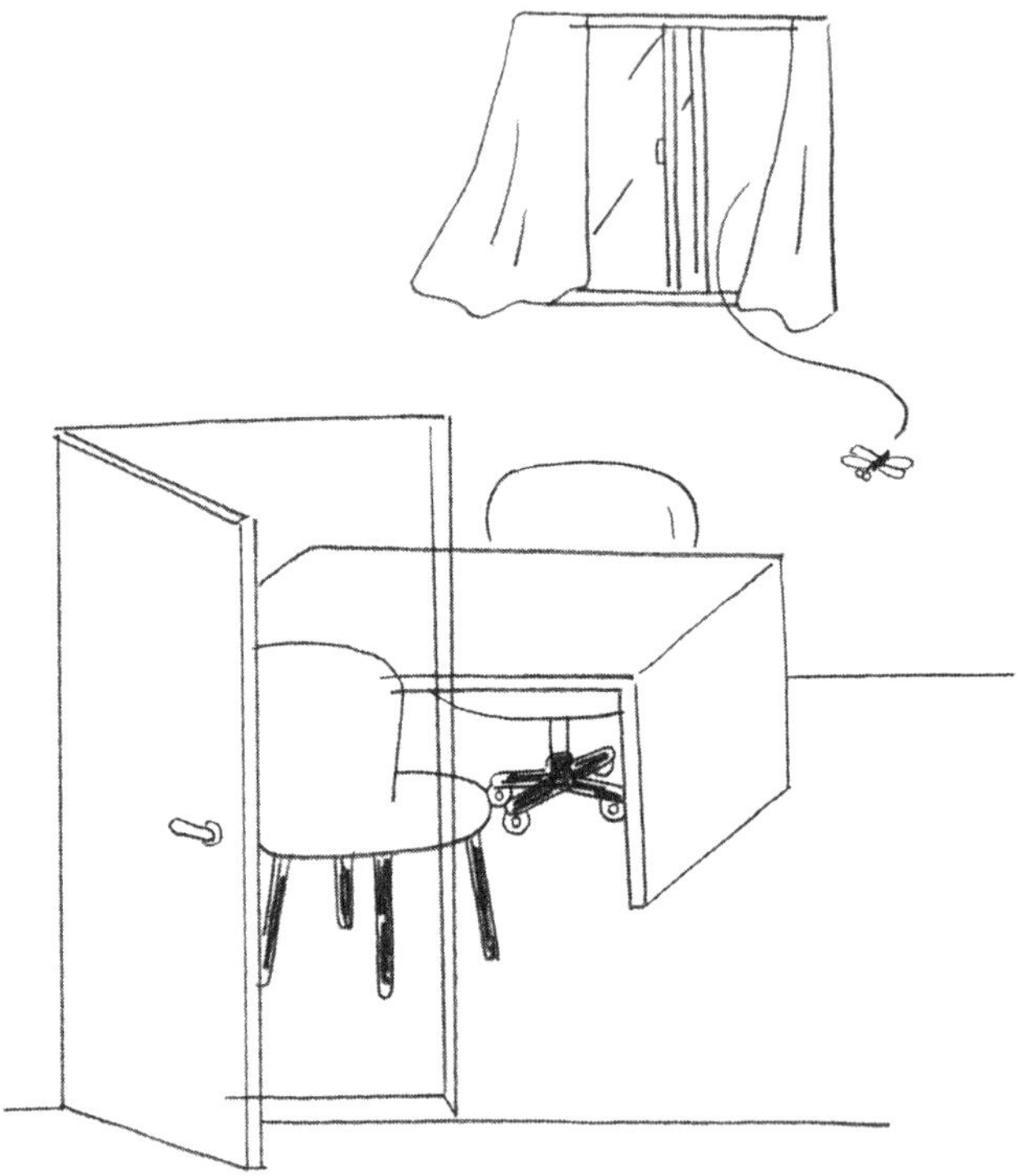

でしょう。

先ほどの心療内科を受診した60代の女性もそのようで、月に一度の通院を続けながら心のうちを聞いてもらっていました。1年がたった頃、「もう大丈夫だと思います」と、主治医と相談のうえ、通院するのを終えることになりました。

彼女の後悔が消えたわけではないですが、悩みをじっくり聞いてもらったことで、ずいぶん気持ちがラクになったそうです。

三回忌を前に眠れない日が続き

2年前に夫を肺炎で亡くした50代の女性は、昼間はなんとか仕事に行き、暮らしを維持している状況でした。

しかし三回忌が近づき、その準備をし始めた頃から、夜になると亡き夫のことばかり考えて眠れない日が続くようになりました。欠勤が増えたり、体調不良が続いたりと、日常生活にも支障が生じていたため、かかりつけの内科に相談することをおすすめしました。

内科で相談すると、眠りやすくなる薬を処方してくれたそうです。当初は服用することに抵抗があったようですが、初めて服用した日の翌朝、こんなによく眠れたのは久しぶりで、心なしか気分も良かったらしく、そのことをうれしそうに話してくれました。

しばらくは薬の力を借りていたものの、夫の三回忌を無事に終えてからは薬を飲む回数も徐々に減っていったそうです。


話をじっくりと聞いてもらったり、薬を処方してもらったりすることで、だんだんと気持ちがラクになっていくこともあります。

もちろん薬の力だけで悲しみやつらさが解消するわけではありませんが、日々の生活をラクにし、これからを生きていこうとする意欲やエネルギーを少なからず与えてくれるのかもしれません。

いつでもつながることのできる専門家の存在を知るだけでも、いくらかは安心できると思います。

見失った自分の歩む道を再び見つける近道になるとは言いきれないですが、伴走者になってくれる人がいることは心強いものです。

POINT

まずは相談できる場所を調べてみる

Hint

18

わかりあえる仲間とともに

同じような体験をした人とつながる

先の見えない日々の中で、自分と同じような体験をした人はどう過ごしているのだろうと思うことがあります。この悲しみはいつまで続くのかを知りたいという人も多くいます。

「同じような経験をした人に話を聞きたい」と私どものもとに来られたのは、夫を心筋梗塞で突然に亡くした40代の女性でした。

「自分の今の知り合いには同じくらいの年齢で夫を亡くした人はいないんです。周囲は気を使ってくれますが、それも申し訳なく思うし、かわいそうな人と思われたくもありません」

このように胸の内を語ってくれました。

死別という体験は一人ひとり異なる個別性の高い体験ではありますが、似たような体験をした者同士であれば、多くを語らずとも深くわかりあえるようなところがあります。

ただ、似たような体験をした人と話がしたいと思っても、身近にいるとはかぎりません。

また、たとえ身近にいたとしても、近すぎて個人的な話はしにくいこともあるでしょう。

そうした場合は、遺族同士のピアサポートやわかちあいの会、あるいは遺族会とよばれる遺族同士の集まりに参加して、同じような体験をした人と話をしてみるのがいいかもしれません。

あるいは今の時代、ＳＮＳを使って似たような体験をした人とつながることもできます。

40代で夫を亡くした人たちとの出会い

先ほどの40代の女性には、ご自宅から比較的近い、わかちあいの会をご紹介しました。そこで彼女は同年代の夫を亡くした女性たちに出会いました。

同じような経験をした人がいることや、私だけではないことを知り、ほっとして、話をする前から涙が止まらなかったそうです。そして、パートナーを亡くしたつらさ、先の見えない不安、子どもたちのこと、義理の家族との付き合い方など、ふだん話すことができない多くのことを話せたといいます。

ただ、同じような体験をした人同士だからといって、すべてをわかりあえるとはかぎらないと知っておくことも大切なように思います。

この女性も、次のようなことを話されていました。

「私には子どもがいますが、子どものいない方もいて……。亡くなった原因も病気だけではなく、事故や自死とさまざまでした。もちろん人によって状況もいろいろなので、私とは違う意見もありました。

それでも同じようにパートナーを亡くした人の存在は、今の私にはとても心強いです。そして、自分よりも死別から時間がたっている方の話を聞いて、自分もいつかそうやって夫のことを笑って話せる日が来るのかなと、希望を感じました。今はまだ、小さな小さな希望ですが……」

似たような体験をした人同士が、体験をわかちあうことをとおしてお互いに共感し、

自分だけではないと安心できたりします。

ほかの人の体験を知ることで、勇気づけられたり、生きる力やヒントを得られたりするのだと思います。

同じような体験をした人の姿に、少し先の自分の姿を重ね、希望を感じることもあるのではないでしょうか。

夫が亡くなり、子どももおらず

話される内容は、過去のことばかりではありません。今現在やこれからの生活、人生の話題に及ぶことも多くあります。

夫を失って私どもの遺族会に来られた50代の女性は、ご自身が亡くなったあとのことについてとても不安に思っていて、こう打ち明けられました。

「私たちには子どもはおらず、夫婦ふたりで生きてきました。最近、私はどのように死んでいったらいいのか不安でしかたがありません」

お墓のこと、家のこと、死後の手続きのこと、考え始めるとキリがないというような悩みをおもちのようでした。

一方で、参加者のおひとりが自分も子どもがおらず、今どのような準備をしているかを具体的に話してくれました。

遺族会のようなわかちあいの場では、ふだんの生活では話せないようなことも、安心して話せることがあります。必要な情報を交換することで、目の前の困難に対する具体的な解決策を見いだせることもあります。

つらい別れを経験した人同士がつながり、体験をわかちあうことは、けっして後ろ向きな活動ではありません。

傷の舐めあいにすぎないと否定的にとらえる人も少なからずいます。

そうした声も尊重はしたいと思いますが、悲しみのあまりの大きさに途方に暮れている人にとっては、悲しみをわかちあえる仲間とつながることのできる場はとても貴重なものだともお伝えしておきたいと思います。

自分と似たような境遇にある仲間との出会いは、これまでひとりで悶々と苦しんできた人にとって、とても心強く、孤独感を和らげてくれます。

必ずしも求めた答えが得られないこともあると思います。

とはいえ答えが得られなくても、仲間の存在はあなたの心をそっとあたためてくれるでしょう。

POINT
悲しみをわかちあえる場をもつ

Hint

19

神も仏も あなたの味方

祈りの場所や信仰の地を訪ねてみる

3

まわりをみわたす

「苦しいときの神頼み」ということわざがあります。このことわざのとおり、ふだんは特定の宗教信仰をもたない人でも、自分の力ではどうしようもない苦境に立たされたときには、神仏に救いを求めようとすることがあります。

宗教離れが進む今の日本においても、このような心理は失われていないのではないでしょうか。

40代の息子さんを事故で亡くした70代の女性のお話です。

「私は信仰心が強いほうで、朝晩のお参りも欠かさないし、ご先祖様の供養もきっちりとしてきました。にもかかわらず、息子が事故にあってしまうなんて……。神も仏もあったもんじゃないわね」

早くにご主人を亡くして、唯一の家族であった息子さんを大切にひとりで育ててこられたそうです。警察から連絡をもらって病院にかけつけましたが、息子さんが「お母さん」と呼んでくれることはもうなかったようです。

この女性はひとり息子の理不尽な死に直面し、神も仏もいないと言いつつも、よりいっそう朝晩のお参りに励んでいました。

神仏に救いを求めたり、亡き人の平安を祈り、いつかまた再会できると信じたりすることは、悲しみに向き合うための自然な営みといえます。

遺された者にとって、亡き人は苦しみのない世界でおだやかに過ごしていると思うことや、亡き人といつかまた再会できると信じることが、今のつらさを生きぬく糧になるかもしれません。

月命日のたびにお寺や神社に

特定の宗教の神仏にかぎらず、人間の力を超えた大いなる存在の力を意識し、その力に身をゆだねたいと思う人もいるでしょう。

少しでも関心があるのであれば、教会での礼拝や寺院での法話会などに参加してみるのもいいかもしれません。

夫を亡くした80代の女性は、毎日の散歩の通り道にある小さな教会の掲示板に、「日曜礼拝――どなたさまでもお気軽にご参加ください」と書かれているのを見て、一度行ってみたいとずっと思っていたそうです。

クリスチャンでなかったためにためらっていたのですが、ある日、意を決して教会の扉を開けてみました。

「場違いだったらどうしよう……と悩んでいたのですが、皆さんがとてもあたたかく迎えてくれました」

この女性のように、思いきって訪ねてみたら心地よかったということも十分ありえるでしょう。

その後、静かな礼拝の時間に心地よさを感じ、日曜日ごとに通うようになったそうです。

神社仏閣や教会などの祈りの場所を訪ねたり、お遍路の道を歩くなど信仰の対象となってきた土地を訪れてみたりするのもいいかもしれません。

母親を胆管がんで亡くした30代の女性は、こう話していました。

「お寺や神社を訪ね歩いて、御朱印をいただく時間は、母と一緒にいるようで、心が

少しおだやかになれるんです。

家には仏壇がありませんが、月命日のたびに神社仏閣に出かけては、手をあわせて母の安寧を祈っています」

月命日の日付が並ぶ御朱印帳は、もう4冊目になっていました。

ときに宗教団体からの勧誘も

人間の力を超えたものを意識することで、自分が守られているように感じられることがあります。

「亡くなった父がいつも見守ってくれている感じがします」と話してくれたのは50代の女性です。

「困ったことがあったときに心の中で父に相談をすると、私のまわりに蝶が飛んでくるんです。『あっ、父だ！』と、いつも心がなごみます。

父が一緒に考えてくれているような気がするんですよ。すると、困っていることも望ましい方向に解決できたりするんです。亡くなっても、いなくなるわけではないんですよね……」

このように思いを話してくれました。

祈る心と感謝の気持ちをもつことは、あなたの心を豊かにしてくれるように思います。

ところで、先ほどの息子を亡くした70代の女性宅には、四十九日を過ぎた頃から、ある宗教系団体の信者とおぼしき人が何度かやってきたといいます。

『私たちのところに来ると、息子さんと話をすることができるようになりますよ。いらっしゃいませんか』

こうした言葉でくり返し勧誘してきたそうです。

たまたま女性を心配して様子を見にきていた近所の人が、もう来ないようにと話をしてくれたために何事もなく今に至ります。

残念ながら、このように弱みにつけ込んでくるような怪しげな人もいないわけではありません。
困ったことがあれば、自分ひとりで抱えこまずに、だれかに相談することも大切なように思います。

POINT
人間の力を超えた大いなるものに身をゆだねることも大切

第 4 章

明日を
むかえる

夜が永遠に続くかのように感じたことや
息すら忘れそうになったことも
あるかもしれません。
ただ、悲しみはなくならないけれど
悲しみのいろやかたちが変わってきたと
感じる人もいるのではないでしょうか。
亡き人を大切に想う気持ちは
変わらないままに、
これからもあなたの人生は続きます。
大切な人を亡くしたあなたにしか
歩くことのできない道もあると、
私どもは思うのです。

Hint

20

亡き人は戻ってこない

「悲しいけれどもういない」という現実を見つめる

人によっては、死の現実を信じたくない、認めたくないという思いが強いかもしれません。

亡き人がもういないという現実を頭ではわかっていても、気持ちとして受け入れられない……。

現実を考えないようにしながら過ごしている人もいます。

このような心理状態は、無意識的に起こる防衛反応の一つで、受け入れがたい現実に押しつぶされそうな心を守る緩衝材として働くと考えられています。

「妻はまだ病院に入院していると思うことにしているんだよ」と話してくれたのは、長い闘病の末に妻を亡くした60代の男性でした。

「今はそうしないとさみしくて。死を受け入れられていないということなのかもしれないけど、今はそう思うことでなんとか生きているって感じかな」

少しつらそうに気持ちを打ち明けてくれました。

周囲の人から、「あきらめるしかない」「受け入れるしかない」といった現実を突きつける言葉を投げかけられることがあります。

大切な人の死を受けとめきれず、苦しんでいる状況では、こうした言葉はあまり心に響かないこともあります。

とはいえ、すぐには難しいとしても、少しずつ目の前の現実を受けとめていかなくてはなりません。

もちろん、つらい現実を認めることはなかなかできることではありません。長い時間が必要であったり、何年たっても認められなかったりする可能性もあります。

死という絶対的な力の前に人間は為すすべなく、無力であるといわざるをえません。私たちはもはやその現実を覆すことはできないのです。

いくら渇望しても、亡き人は戻ってきません。

しかし、死の現実を変えることはできないとしても、その死をどう受けとめ、その後の人生をどのように生きていくかは、自分で選び取ることができるのではないでしょうか。

妻のいない人生を考えていく

大切な人の死によって失ったものと失っていないもの、自分の力で変えられるものと変えられないものがあるはずです。

まずは「自分にできること」と「できないこと」を区別してみましょう。そして、「できないこと」をやめること、あるいは人間の力ではどうしようもないことがあるという事実を認めて、「自分にできること」を考えてみましょう。

死は変えることのできない現実です。その現実をすぐには受けとめられないとしても、今の自分にできることに取り組み、主体的に生きることが大切だと思います。

先ほどの60代の男性は、こう話されていました。

「妻がいない人生なんて考えたことがなかった。だから、これからひとりでどう生きていくかを考えるには、少し時間が必要なんだ。

定年退職したらふたりで行ってみたいねって約束した場所がたくさんあったんだ

よ。しばらくはそれらの場所をまわりながら、これからの人生を考えてみようと思うんだ」

そう話される目は寂しげでしたが、少し輝いてもいました。

「まずどちらに行かれるんですか?」と尋ねると、「新婚旅行で行った指宿《いぶすき》温泉だね」と答えてくれました。

できることを模索していくなかで、気持ちに変化が生じ、新たな希望が芽生えることもあります。

亡き人がいない毎日を生きていく覚悟ができるようになる人もいれば、なかなかできない人もいます。

悲しみは乗り越えるものではなく、自分が生きているかぎり抱えていくものだと感じるようになるかもしれません。

悲しみはなくならないとしても、悲しみのいろや形は変わっていくものだと思います。

嘱託社員として働くことに

「もういない」という現実を見つめることで、悲しみがいっそう深くなることもありえます。

しかし、覚悟ができ、悲しみとともに生きていく方法を考えられるようになったりもするものです。

3か月がたった頃、久しぶりに先ほどの男性が私どものところに来られました。九州の温泉地をめぐり、戻ってこられたそうです。

ひとり旅は寂しかったけれど、いつも奥様が一緒にいてくれるような気がしたことや、寂しさや苦しさは自分で抱えて生きていくしかないと気がついたことを話してくれました。

「これからは、これまで働いていた会社で嘱託社員として働くことにしたんだ」

こう決断された男性の言葉は、奥様がもういないということを受けとめ、これから

の日々に希望を見いだそうとしているようにも思えました。
受け入れがたい現実に向き合うためには、準備のための時間が必要だったりします。
精神的にも身体的にも準備が整うときまで、あせらずに待つことも大事です。

POINT

「失ったもの」「失ってないもの」を考えてみる

Hint

21

あなたはあなたの一番の味方

自分の信じる

道を選ぶ

何を信じていいのか、わからなくなってしまうことがあります。

自分に自信がもてなくなってしまい、「これでいいのかな……」と判断を迷うことも少なくありません。まわりの人の言動に、惑わされがちになるかもしれません。

「もう疲れちゃって……」と話してくれたのは、80代の母親を亡くした50代の女性でした。

「母が亡くなったあと、周囲の人は勝手にいろいろなことを言うけれど、何を信じていいのか全然わからなくなって……。

でも、自分では決めることができないのよ。たとえば母のお気に入りの洋服をどうするかってことも決められない。父も兄も、取っておいてもしかたないから全部処分しようって言うけれど……。私は時間をかけてゆっくり母とお別れがしたい。

でも、父や兄の言うように、いつまでも母の洋服を置いているから悲しみから離れられないのかも……」

この女性のように、どうしたらいいかわからず、けれどもまわりの人はあれこれと言ってきて、疲れきってしまう人も少なくありません。

この女性には、時間をかけてゆっくりと、亡き人のお気に入りの洋服を整理することを助言しました。「ご家族が早めに処分したいようでしたら、一時的にトランクルームなどに預けておくのも一つの方法です」とも伝えました。

納骨しないのはかわいそうか

今まで親しくしていた人と距離ができたり、家族の中でさえわかりあえなかったりすることもあります。

妻を白血病で亡くした50代の男性が、「納骨ってしなければならないものですか？」と、私どもに質問してこられたことがあります。

それまで家族ぐるみで仲良くしていた友人も、亡くなった奥様のご家族も、「四十九日に納骨しないなんて妻がかわいそうだ」と言ってくるそうです。

その男性に素直なお気持ちを伺ったところ、「妻をひとりにするなんてまださみしくてできない。もうしばらく家に置いてやりたい」とのこと。お骨を妻の分身のように強く思っている様子でした。

迷うことがあっても、自分が考えて最終的に決めたことでよかったのだと信じることが大切ではないでしょうか。

あなたの大切な人の想いは、あなたが一番わかっているはずです。

あなたが自分の一番の味方でいてあげてください。

この男性には、納得のいくまでご自宅で一緒に過ごされることをおすすめしました。

遺骨や遺品をどのようにあつかうかの判断は、人それぞれであってかまわないのではないでしょうか。近ごろは納骨せずに、遺骨を自宅に置いたままにしている人も多いです。

遺骨の扱いをめぐってはさまざまな意見があるでしょうが、だれかに強制されるものではないと思います。

遺品についても、すべてを急いで処分しなくてもいいとも思います。

処分することで気持ちに一区切りをつけられることもありますが、思い出の品を手

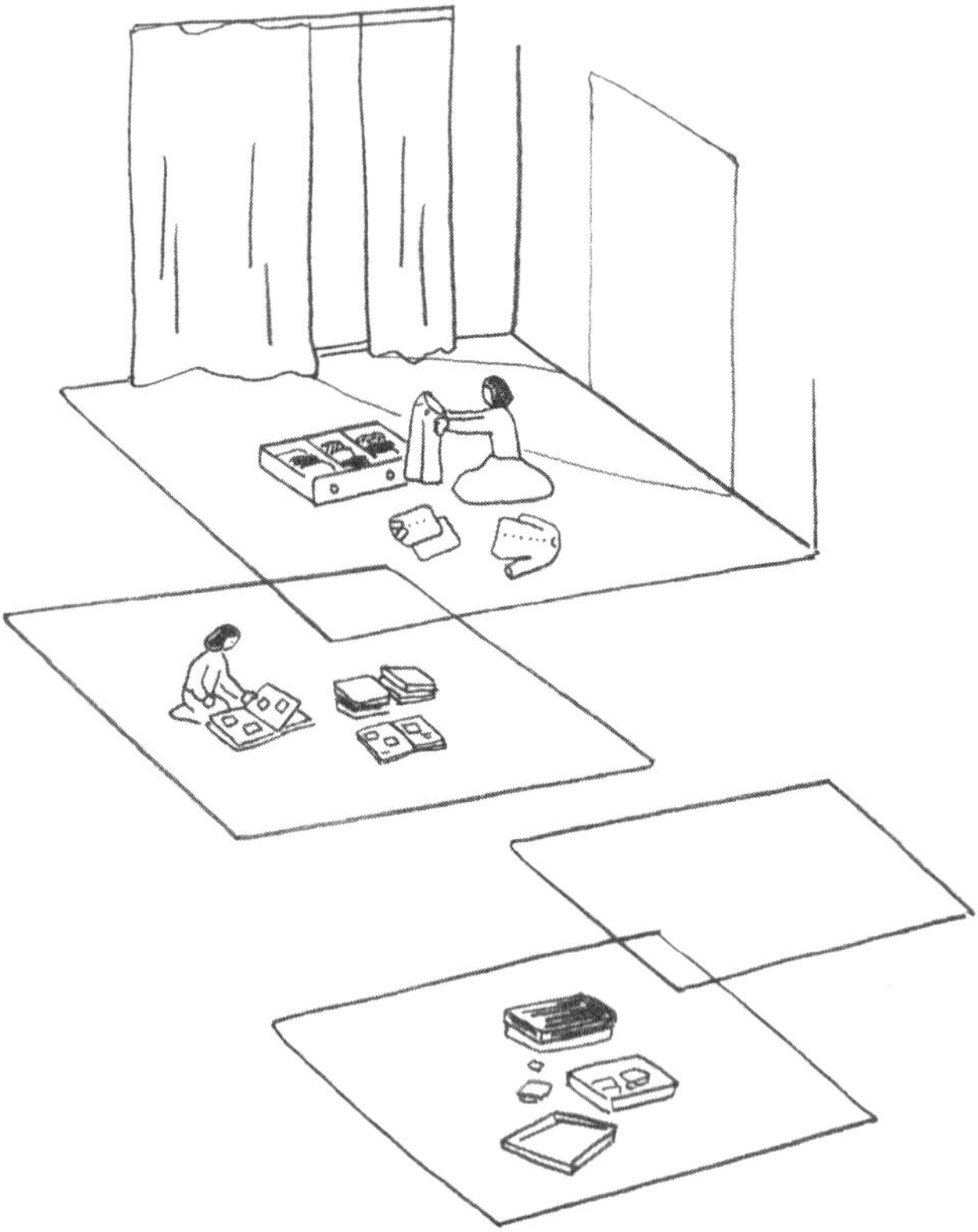

放してしまったことをあとになって悔やんでいる人もいます。

まわりの人の意見に耳を傾けつつも、最終的には自分の気持ちと相談しながら判断するのがいいと思います。判断に迷うのであれば、しばらくはそのままでもいいのではないでしょうか。

自分を信じることで、周囲に惑わされることが少なくなります。みずから判断することで、自分らしく生きていくことができます。

自分らしくあることが、生きる力を取り戻すことにつながるものです。

母の洋服の整理はゆっくりでもいい

先述の50代の女性は、時間をかけてお母様のお気に入りの洋服を整理されました。ご自身が大切に保管することにしたものもあれば、写真に撮って処分したものもあったようです。

「母と過ごしたいろいろな時間をゆっくりと思い出して、私は大事に育ててもらったな、と気がつきました。私にとっては、母とゆっくりお別れをすることができたとてもいい時間でした」

と話されていました。

納骨を悩んでいた50代の男性は、奥様の遺骨を三回忌までご自宅で保管したあと、納骨されたそうです。

「納骨しないなんてかわいそうだと言った友人や妻の家族も、1年がたつ頃には何も言わなくなりました。当時は、もしかして本当に妻がかわいそうなのかもと思ってしまいましたが、よく考えてみれば、妻がかわいそうかどうかなんて一緒にいた僕が一番よくわかっていますよね」

ときおり笑みを浮かべながら話してくれた様子が印象的でした。

ただ、自分自身を信じることが大切である一方で、大きな決断は慎重に行うほうがいい面があることもお伝えしておきたいと思います。

死別からまもなくの時期は、転居や転職、財産の処分など重大な意思決定は、できれば控えたほうがいいように思います。集中力が低下し、論理的に考えることも難しくなりがちなため、適切な判断ができない可能性があります。

もちろん一定の期限内に決めなければならないこともあります。判断に迷う場合は、ひとりで性急に決めるのではなく、信頼できる人に相談しながら、時間をかけて検討することが望ましいと思います。

POINT

最終的には自分の気持ちと相談して決める

Hint

22

生きている
今の時間を大事に

悲しみながらも

楽しみを見つける

新たな一歩を踏み出そうとしても、「大切なあの人がいなければ何も楽しめない」と感じることがよくあります。

とくに亡き人と共通の趣味を楽しんだり、一緒に出かけることの多かった場合には、その思いは強くなりがちです。

何かを楽しむことに罪の意識を感じたり、自分だけが生きていることを申し訳なく思ったりすることもあります。亡き人はそんなふうに思うことを望んでいないと頭ではわかっていても、ついついそう思ってしまうのです。

10年前に高校生だった次女を急性白血病で亡くした50代の女性は、「自分が幸せになってはいけない、自分だけが楽しい思いをしてはいけない」とずっと考えていたそうです。

「娘の苦しさを知らずに、治療を頑張りなさいって声をかけ続けてしまった……」

このように自分を責め続けていらっしゃいました。

そして、「娘の気持ちを思うと、私は残りの人生を楽しんではいけないんです」という言葉を何度も口にされていました。

この女性のように、死別からずいぶん時間がたっても後悔や罪悪感に苦しみ続けることがあります。

そのようなときは、一日わずかの時間でも、自分の好きなことをする時間を作ってみるといいと思います。

気持ちに少し余裕がでてきたなら、趣味や習いごとを再開したり、少しの贅沢をしたり、旅行に出かけてみるのもいいでしょう。

次女が亡くなって初めての長女との旅行

後悔や申し訳ない気持ちがあったとしても、遺された人たちが「今」を楽しむことはけっして悪いことではありません。

先ほどの50代の女性は、長女と一緒に旅行に出かけてみることにしました。

「次女には申し訳ない気持ちでいっぱいです。本当なら3人で行きたかった。やっぱりキャンセルしようかしら……」

出発直前までこう逡巡し、悩まれていました。しかし長女のすすめもあり、結局、旅先に向かわれたのです。

旅行から帰ってこられた女性はどこか晴れ晴れとした様子で心のうちを語ってくれました。

「長女とふたりで旅行をするなんて初めてのことでした。次女が亡くなって、こんな楽しい時間はもってはいけないと思っていました。

でも、次女もきっと一緒に来ていたんだろうと思うような出来事がたくさんあって、長女と笑い転げることもありました。

長女にさみしい思いをさせてきたことにも気がつきました。これからは、長女と、そして次女と一緒にいろいろなところに出かけてみたいと思います」

自分が生きている今の時間を大事にすることが大切です。

だれにも遠慮することなく、楽しいひとときを過ごしてみてください。

亡き人を悼み、悲しみに暮れる一方で、日々の中にある小さな楽しみに目を向ける

ことは間違ったことではないのです。楽しいと思える時間を過ごすことは、これからを生きていくための活力になるのではないでしょうか。

悲しみを抱えた人生の中に、楽しさや喜びを見つけ出すことが大切なのだと思います。

はじめは週に1回の麻雀教室

自分が健康で毎日を楽しむことこそ亡き人への供養になると考え、日々を過ごしている人もいます。

今を楽しむための趣味や旅行などをとおして、新たな出会いが生まれることもあります。

70代の男性は、半年ほど前に妻をすい臓がんで亡くしてから、ずっと家に閉じこもっていたそうです。

「久しぶりに麻雀《マージャン》でもやってみたいなと思うときもあるけど、妻がさみしいかなと思うとなかなか出かけられなくて……」

自宅から出られなかった理由をこのように話されていました。

あるとき、思いきって自分のための時間をもつことにされたそうです。

最初は1週間に一度、地域の公民館での麻雀教室に参加することからでした。

その後、そこで出会った仲間たちとお互いの家を行ったり来たりしながら麻雀を楽しむようになっていきました。仲間の人と食事をすることも増え、私どものところに来られる回数も減っていったのです。

人との出会いや交流は、これからの人生の歩みにおいてかけがえのない力になるはずです。

もちろん悲しみが深い時期に、楽しいことを考えることは簡単ではありません。急いだり、無理をしたりしなくてもいいのです。

悲しい気持ちは悲しいまま、つらい気持ちを無理に否定しなくてもいいので、やりたいことや楽しいことをやってみればいいのではないでしょうか。
自分なりの楽しみをもつことは、悲しみに覆い尽くされた世界から抜けだす糸口になるでしょう。

POINT

日々の中にある小さな楽しみに目を向ける

Hint

23

自分の人生に目を向けて

小さな目標に向かって歩き始める

今日一日をなんとかやりすごせるようになってきても、これから先、どう生きていけばよいのかと不安を覚えることがあります。

亡き人のいない人生を想像するのは難しく、将来のことなんてまったく考えられないという絶望的な気持ちになる人も多いです。

「人生の設計図が、ある日突然白紙になったようなものです」と話してくれたのは、心疾患で突然に夫を亡くした50代の女性でした。

「これまでも、そしてこれからも、私の人生の設計図は夫の名前ばかりでした。子どもを授かることができなかった分、私たち夫婦はとても仲良しでお互いを必要としていました」

このように悲しい思いを口にされていました。

この先の人生を生きていくために、何かしなければと思いつつも、何をすればいいのか、何が必要なのか。それもわからず、途方に暮れてしまうこともあります。

自分の時間をどのように過ごしていいかさえ、わからなくなります。

この女性も、そうでした。

「夫以外に何が必要かと聞かれても……。夫がいて、さらに必要なものは思いつきますが、夫がいないのに必要なものを探すのはとても難しいです。でもそうすることが大切だということもわかっています。もう若くはありませんが、残された人生が短いわけではないですからね……」

いつか一緒に行きたかったスペインへ

突然に夫が亡くなって、ただただ悲しいだけの嵐のような時間が過ぎさったとしても、途方もない不安に襲われたりします。でも、遺された人は自分の人生を歩んでいかないといけません。

この女性もそのことを頭ではわかっているようです。でも心がついていかない様子です。

これからの人生を生きていくためには、何かしらの目標や希望をもつことが大切です。そうは言っても、深い悲しみの中で、目標や希望を見つけることは簡単にできることではありません。

そのようなときは、まずは身近なところで、すぐにでもできるような小さな目標を立ててみてはいかがでしょうか。

興味はあったものの、きっかけがなくて、なかなかできずにいた新しいことに挑戦したり、長らく中断していたことを再開したりするのもいいと思います。

ある日、先ほどの50代の女性がきっぱりとこう言われました。

「スペイン語を勉強してみようと思うんです。まずはスペイン語検定の3級を目標にしてみます」

亡き夫が仕事の関係でスペインによく行っていて、いつか一緒に行ってみたいと思っていたそうです。将来、スペインに行くことがあれば、もしかしたら役に立つかもしれないと考えて学ぼうと思われたようです。

最初から大きな人生の目標でなくてもかまいません。

今後のために、今できることは何かを考え、行動してみてはいかがでしょうか。

GUIDEBOOK SPAIN

少し先のことを考えてみると、今やるべきことが見えてくることがあります。

死別を経験してまもなくは、失われたものや二度とできなくなってしまったことに意識が向きがちになります。自分の人生までもが終わってしまったかのように感じることもあります。

しかしながら、あなたのすべてが失われたわけではないのです。

失われたものや、できないことばかりを考えるのではなく、自分には何が残されているのか、できることは何かに目を向けることも大切です。

小さな目標に向かって動き始めると、そのことが明日を生きる楽しみに変化していくことがあります。

どのような目標や課題であっても、一つひとつ達成していくことが、亡き人のいない人生を自分の足で歩んでいく自信につながるものです。

残りの人生を楽しみたい

スペイン語を学び始めてからの女性は、少しずつですが笑顔が増えてきたように感じました。

そして2年後、無事にスペイン語検定の3級に合格し、私どものところに報告に来てくれました。まもなくスペインに留学する予定とのことです。

「彼の好きだった場所を訪れて、同じポーズで写真をとって、彼の好きだったものを食べて、それからゆっくりこれからの自分の人生を考えてきます。

彼の姿は見えませんが、残りの人生を楽しみたい。そしてその人生が終わったときにもう一度彼に会える日を楽しみにしたいと思います」

と笑顔で話されていました。いったん白紙に戻った人生の設計図は、彼女自身の手で再び描かれ始めたのです。

目の前の目標や課題に取り組むなかで、やりがいを感じ、失われた人生への希望を再び取り戻せることがあります。

希望は生きることを肯定することであり、これから先の人生を生きていく力を与えてくれます。困難な目標や希望であったとしても、それらをもつこと、もとうとすることが大事なのだと思います。

大切な人の死はつらい出来事です。

一方で、その後の日々をなんとか生きていくなかで見つけた新たな生き方や出会った人々の存在が、のちに今後の人生を歩む大きな糧になることがあります。

失っていないものや、新たに得たものを意識することは、目標や希望をもって生きるためのヒントを与えてくれるかもしれません。

どのような目標や希望でもいいのです。勇気をもって自分の人生の歩みを進めるための原動力にきっとなることでしょう。

POINT

残りの人生に思いをはせ、自分の人生をゆっくり歩こう

Hint

24

あなたを必要としている人がいる

だれかのためにできることを考えてみる

大切な人を失ったことで、この先をどう生きていいのかわからず途方に暮れ、自分の無力を思い知らされることがあります。亡き人がいない今、自分だけでは何もできないと思ってしまう人もいます。

夫を胃がんで亡くしてまもない70代の女性は、不安な思いを打ち明けてくれました。「今まで夫に頼りっぱなしの人生だったので、この先、どう生きていったらいいのかわからないんです……。もう私にできることは何もないんです」

無力感に押しつぶされそうな様子でした。ご主人を亡くしてからは、妹や友人が親身になって話を聴くなど支えてくれているそうです。

ありがたいと思う一方で、「その優しさを感じると、ますます自分がひとりでは何もできないことを思い知らされるんです」とつらそうに話されていました。

人は一方的に与えられ、支えられるばかりでは、無力感ばかりがつのることがあります。

死別の混乱や悲しみを周囲の人に助けられ、支えられていると感じている人の中には、いつかは自分もだれかの力になりたいと考える人もいるでしょう。

つらい経験をしたがゆえに、以前よりも、悲しみや苦しみを抱えた人に共感を覚えるようになる人もいます。もしかしたら以前のあなたではなく、今のあなただからできることがあるかもしれません。

そうしただれかのために助けになることや、人の支えになることをやってみるのもいいことです。

夫の入院していた病院でボランティアを

ただ実際には、ほかの人や社会のために自分にできることをしたいと考えていても、何をすればいいのかわからないという人も多いように思われます。

信頼できる人とのつながりや、新しい出会いを大事にするなかで、自分に何ができるか、まわりの人が自分に何を求めているのかを、見つけられることがあります。

自分の経験や能力を活かして、人のためにできることを考えてみてはいかがでしょうか。つらい体験をし、今を懸命に生きているあなただからこそ、何かできることがあるかもしれません。

先ほどの70代の女性にもそうお伝えしたところ、そのときは「私にだれかのために役立つ経験や能力なんてないんです」とお答えになりました。

それから数か月がたった頃、彼女はある報告をしに来てくれました。

「夫の入院していた病院にお礼に行ったんです。訪問したとき、ちょうど病院で家族会をしていました。看護師さんに誘われて行ってみると、私のように家族をがんで亡くした方や、現在闘病中の人のご家族が集まってお話をしていて。

並べられていた椅子に座ると、とても良い香りのするお茶を運んできてくれました。少しほっとして、久しぶりに美味しいなあと思ってお茶を飲めたのです。

帰り際に聞いてみると、お茶を運んでくれた女性も、家族をがんで亡くされた方でした。とっさに『私にもお手伝いすることはできますか』と口にしていました。そこから病院でボランティアをするようになったんです」

この女性はその後、家族会がある日は病院に足を運び、お花を飾ったり、お茶を入

れたりするようになったそうです。そのことが彼女の小さな楽しみになっていきました。

「つらそうなご遺族や、ご家族が闘病中で大変そうな方が、お茶を手にしたときにのぞかせる少しほっとしたようなお顔を見ると、私にもできることがあるのかもしれないと思えるんです」

と話されていました。

つらい体験をしたからこそ、寄り添える

まわりの人や社会のために、あなたができそうなことを考えてみるのもいいでしょう。意識して探してみると、身近なところで、自分が役に立てることがあるかもしれません。

とくに難しいことをしなくても、あなたの存在そのものや、ちょっとした気配りが、

だれかの大きな助けになることもあります。

つらい体験をしたあなたなら、つらさや苦しみを抱えた人の気持ちに深く寄り添うことができるのではないでしょうか。

同じような経験をした人同士であれば、多くを語らずともわかりあえるところがあります。

ただ、覚えておいてほしいこともあります。それは、似たような経験をしていたとしても、それぞれの体験は個別性が高いということ、それぞれの想いを尊重するということです。

それぞれの人の想いを大切にしながら、どのように自分の経験を活かして、その人たちの力になれるのかを考えてみてください。

自分の経験は、けっして無意味ではなかったと感じられることもあるでしょう。ボランティアなどの活動は、ほかの人や社会のためであると同時に、自分自身のためのものでもあるのです。

だれかに必要とされることは、これからを生きていくうえでの自信になります。人や社会のために、何かに取り組むことをとおして、さまざまな人との新たな交流や、新しい自分の居場所ができます。

ともに生きていく仲間ができ、そのつながりによって自分も支えられます。

自分のためだけでなく、だれかのために自分にできることを積み重ねていくことが、新たな目標や生きがいを生みます。そして人生に希望を見いだすことにきっとつながるはずです。

POINT

あなたの存在が、ほかのだれかの生きる力になる

第5章

会えない人と
ともに

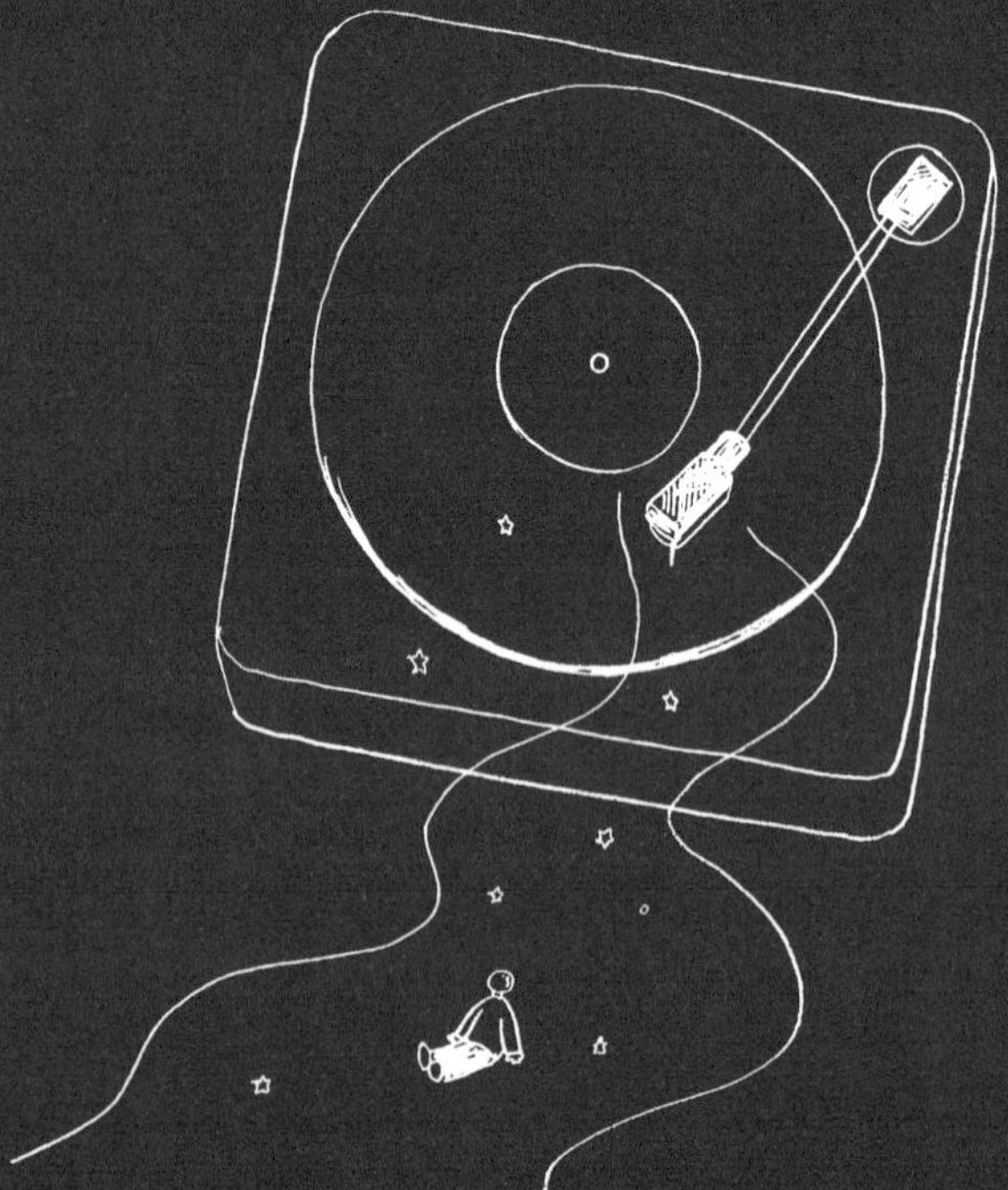

大切な人と過ごした時間を
優しい気持ちで思い出せる日が
増えてくるかもしれません。それでも、
「どこにいるのかな」
「会いたいな」
「どう声をかけてくれるかな」
と、苦しくて眠れない夜もあるでしょう。
たとえ姿が見えなくても、亡き人は
一緒に生きてくれているかもしれません。
もう会えない人との時間や思い出は、
あなたがこれからの日々を
生きていくための救いになると思います。

Hint

25

亡き人に
思いをはせて

かけがえのない思い出にひたる時間をもつ

5

会えない人とともに

死によって身体は失われたとしても、大切な人との記憶や思い出までも消え去ってしまうわけではありません。

とはいえ、失った悲しみがあまりに大きい場合には、過去の記憶全体がつらい思い出で覆われてしまうこともあるでしょう。

心にぽっかりと穴が空いたように感じることもあります。楽しい思い出なんて、すぐには思い出せないという人もいると思います。

人は深い悲しみの中にあっても、幸せであった時間の記憶を思い起こすことができるといわれています。

亡き人とのかけがえのない思い出にひたる時間をもつことは大切です。

大切な思い出は、遺された人の心のよりどころになります。

たとえば、亡き人の写真や動画を整理したり、思い出のモノを並べて置いたりしてみましょう。

妻を亡くした60代の男性は、奥様の描いた絵を、壁にたくさん飾ってみたそうです。

「絵を眺めていると、絵を描いている妻の笑い声が聞こえてくるような気がします」

と、うれしそうに語られていました。

亡くなった父の誕生日にはケーキを食べる

亡き人の誕生日や記念日をお祝いしたり、命日を大切に過ごしてみたりするのもいいと思います。

父親を亡くした40代の女性はこう話されていました。

「亡くなった父の誕生日には、これでもかというくらいたくさんのケーキを食べるんです」

女性が幼い頃、父親は自分の誕生日なのにいつも彼女の好きなケーキを買ってきて、好きなだけ食べさせてくれていたそうです。

「お誕生日おめでとうと書かれたプレートも、私が食べていたんですよ。母がよく怒っていました。だから、父がいなくなった今も、父の誕生日には、父が私にしてくれたように過ごすことにしています。

父に会いたくて、さみしくて眠れない夜もあるけれど、この日だけは父と過ごした時間を思い出して、少しおだやかな気持ちになれます」

ほほ笑みながら、思い出話を聞かせてくれました。

この女性のように、亡き人を思い浮かべながらひとりの時間を過ごすのもいいでしょう。

また、亡き人の生前を知る人や信頼できる人と一緒に、写真やゆかりの品を見ながら、思い出を語りあうこともいいと思います。

一緒に過ごした日々の記憶をたどることをとおして、亡き人の存在を身近に感じられることがあります。

亡き人を想う時間をじっくりと作ってみるのもいいと思います。

今できる方法、思いつく方法で、亡き人とともにある時間を過ごしてみてはいかがでしょうか。

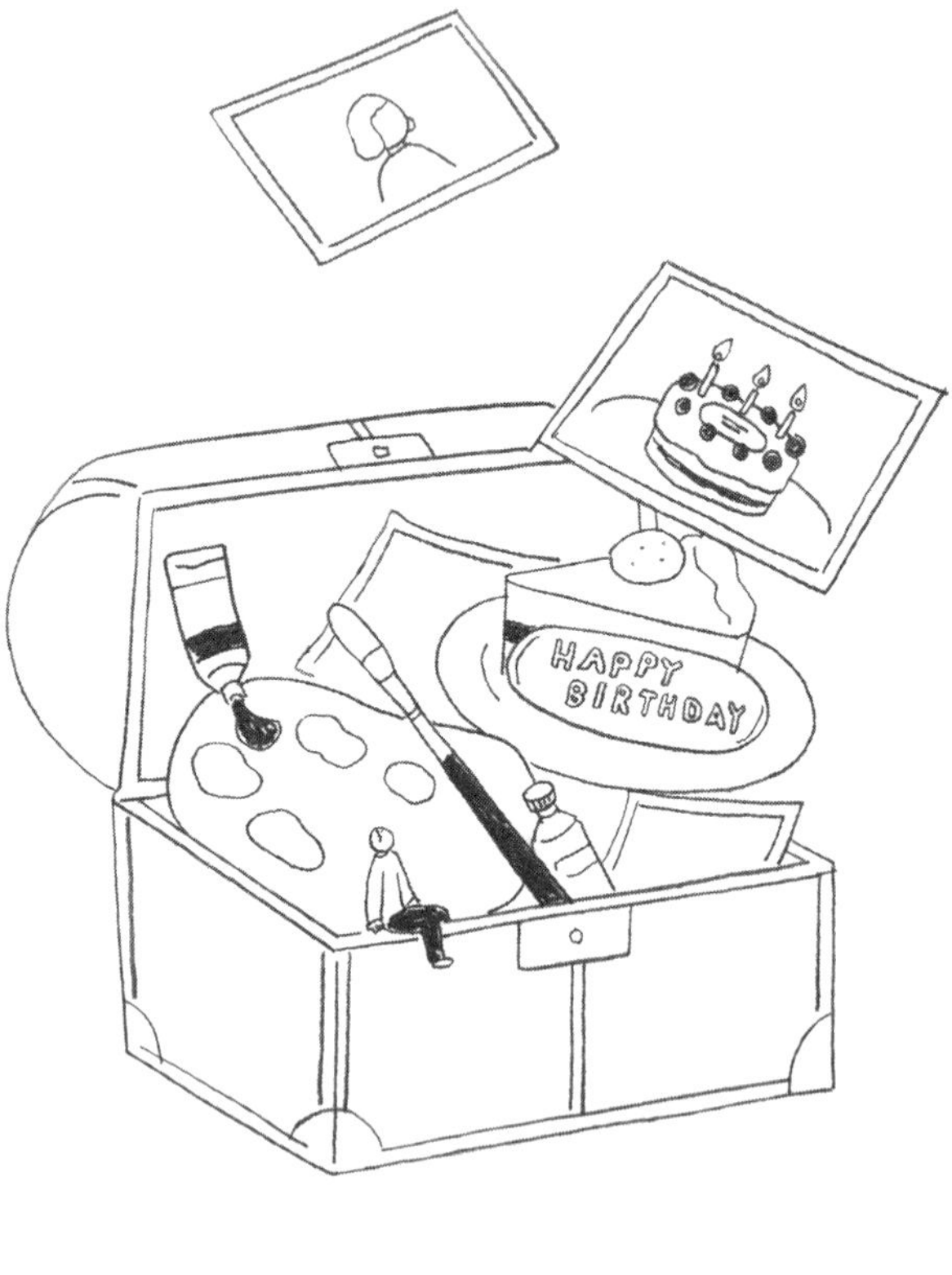
HAPPY
BIRTHDAY

大切な人と過ごした幸せな時間を思い起こすことによって、言葉にならないさみしさを覚えることもあるでしょう。けれどもこの女性のように、心が少しあたたかくなることもあります。

人によっては、心地よい記憶ばかりではないと思いますが、亡き人が自分に与えてくれたものを思い返すなかで、おだやかな気持ちを抱くことができるかもしれません。

妻の声や手の温かさを忘れてしまうのが怖い

時間がたつにつれ、日々の生活に追われて、亡き人のことを思い返すことも少なくなりがちです。

亡き人の記憶が薄れていくことに不安を感じる人もいます。

「亡くなった妻の声や、つないだ手の温かさを忘れてしまいそうで怖いんです」

このように話されたのは、奥様を突然に亡くされた70代の男性でした。

「一緒に過ごした時間や思い出が、本当のことだったのか夢だったのかわからなくなってしまうこともあるんです」

少し悲しそうに、こう気持ちを打ち明けてくれました。

そこでこの男性は、亡き奥様の写真をたくさん、目に見えるところに飾ってみました。

そうすると、一緒に過ごした時間は夢ではなく、妻はたしかにいたんだなと思えるようになったそうです。


亡き人のために今できることはかぎられていますが、思い出を大切にすることは遺された人にしかできないことの一つです。

思い出を大切に整理していく時間は、亡き人と過ごしているかのような時間に感じられます。

ときには、あなたを苦しめている感情が少し軽くなることもあります。

また、亡き人を知る人と、過去の楽しい記憶を語りあうことも、つらい気持ちを和らげてくれるかもしれません。

亡き人と過ごした時間や思い出の品は、かけがえのないものです。
宝物のような思い出は、これからを生きていくための心のよりどころになるでしょう。

POINT

亡き人と過ごしたかけがえのない時間は、ずっと消えない

Hint

26

つながり直しの旅路に出よう

想いを寄せる

場所をもつ

5

会えない人とともに

死は「旅立ち」にたとえられ、遺される人は亡き人をこの世からあの世へと「見送る」ことになります。

私たちが今生きている世界から、亡き人はどこへ旅立ったのだろう、今どこにいるのだろうと考えたことのある人もたくさんいるはずです。

夫を亡くした40代の女性は、「亡くなった人はどこにいるんでしょう？　天国って本当にあるんでしょうか？」と、何度も質問してこられました。

亡くなった人がどこにいるのか、それがどんな場所なのか。

近くにあるのか、遠くにあるのか、私たちは知るすべがありません。

妻を亡くした70代の男性は、「妻が遠くに行ってしまってね……」と涙をこらえながら、話を始められました。

この男性のように、亡き人がはるかかなたの世界に行ってしまったように感じ、さみしさがつのることもあります。

そんなときは、一緒に出かけた場所、ともに過ごした場所など、亡き人の存在を感じることのできる場所に出かけてみてはいかがでしょうか。

亡き人に想いを寄せられる場所を、家の中に作るのもいいと思います。そんな場所ができたら、亡き人に話しかけてみるといいでしょう。

父親を亡くした30代の女性は、こんな話をしてくれました。

「日常の生活に追われて、なかなかお墓参りに行くことができないので、キッチンの小さな窓辺に父の写真を置いて一輪の花を飾ることにしたんです。父を想うわずかな時間が生活の中にできました」

この女性は、キッチンでひとりごとのように、日々のことを亡き父に話しているとのことでした。うれしかったことも悲しかったことも話していると、なんだか父親が笑っているような気がするそうです。

同じく、父親を亡くした40代の女性は、「父に会いたくなると、父の好きだったお寺に行くんです」と話してくれました。

お寺でとくに何かをするわけでもなく、庭園のベンチに座ったり、お堂に入ったりして、一日をそこで静かに過ごすそうです。

この女性の場合は、このようにもつぶやかれました。

「父に話したいことはあるけれど、どう言葉にしていいかまだわからないんです。父を想いながら時間を過ごすことで、今は精一杯です」

「大丈夫だよ、ここにいるからね」の声が

亡き人の写真を持ち歩いたり、仏壇やお墓の前で語りかけたりする人はきっと多いはずです。

遺骨を加工して、ペンダントにして身につけている人もいます。

亡くなった人のゆくえを尋ねてきた先ほどの40代の女性は、夫の遺骨を加工したペンダントをいつも身につけて、写真も持ち歩いていました。さみしくて涙が出そうになると、ぎゅっとペンダントを握りしめるそうです。

「大丈夫だよ、ここにいるからね」という夫の声が聞こえてくるような気がすると話してくれました。

亡き人に想いを寄せる場所ができることで、愛しい人、大切な人の姿はなくても、たしかにいることを感じられたりします。

死によって身体は失われますが、亡き人の存在が無になるわけではないのです。

亡き人を大切に想い続けるかぎり、亡き人はあなたとともにいます。

姿形は見えなくとも、今も亡き人の存在やつながりを感じられることは、これからの生活や人生の歩みを進めていくうえでの心の支えになるでしょう。

POINT
亡き人とのつながりを感じられる方法を探す

Hint

27

亡き人の生きた証を

いのちをつなぐ

5

会えない人とともに

亡き人がたしかにこの世に生きていたことを、どのような形であれ遺したいと願う人もいるでしょう。

亡き人の存在をいつまでもまわりの人に覚えていてほしいと思うこともあります。

年の瀬に奥様を看取られた60代の男性がいました。病気が見つかって、わずか1か月での突然のお別れでした。

あまりのショックに、自宅でふさぎ込んで冬を過ごしていましたが、ある日、庭の片隅に小さな芽がたくさん出ていることに気づいたそうです。秋の終わりに、奥様が植えたチューリップでした。

「妻が、『いつまでもふさぎ込んでいるんじゃないわよ。春が来るのよ』と話しかけてくれたような気がした」

こう静かに語ってくれました。

それから男性は庭仕事に没頭し、春には奥様が植えられた色とりどりの花が庭に咲きました。

近所の人が家の前を通るたびに、「今年もきれいに咲きましたね。奥様はお花を育てることが上手でしたが、ご主人も上手ですね」と声をかけてくれることがとてもうれしかったそうです。

ブログを書くことが妻の生きた証

大切な人の生きた証として、その人の写真や形見、思い出の品などを大事に保管されている人は多いでしょう。

遺してくれたのは形あるものばかりではないはずです。亡き人の人柄や生きてきた人生に想いをはせ、その人が遺してくれたもの、伝えたかったことについて考えてみてはいかがでしょうか。

ときには亡き人と対話をしながら、想いや生き方を考えてみると、その人が生きてきた証がみえてくることもあります。

亡き人の生き方や遺志を、自分が大切に受け継いだり、ほかの人に伝えたりすることもいいと思います。

妻を突然に亡くした40代の男性は、「妻はなぜ死んでしまったのでしょうか。なぜ妻だったのでしょうか」と泣き叫びながら、小さなお子さんの手を握りしめていたのが印象的でした。

この男性は、妻の死から3か月後に、「妻が私に伝えたかったことを考えてみたんです」と私どものところに来られました。

「妻が私に一番伝えたかったことは、息子のことをお願いねってことだったと思うんです。この子の記憶に、ママのことがどのくらい残るのかはわかりませんが、妻がどれほど息子のことを大切にしていたかを息子に伝えていきたいと思います。伝え続けながら育てていくことが、息子の中に妻のいのちをつないでいける唯一の方法なのかなと思っています」

と話されました。

また、亡き人の生きた証を多くの人に伝えようとする人もいます。

妻をすい臓がんで亡くした70代の男性は、ブログを書くことで妻の生きた証を子や

孫など周囲の人や社会に伝え続けています。

これまで一緒に過ごした人生の日々の豊かさ、余命を宣告されてから夫婦で話し合ってきたこと、そして妻が最期まで自分を心配しながら亡くなっていったことを、優しい言葉で紡いでいます。

奥様が最期に声にした願いは、「どうか幸せに生きて」だったそうです。

今はそのブログに綴られた言葉が、闘病中の多くの人の支えになっているようです。また、奥様が亡くなったあとに生まれた孫は、ブログを通して祖母を思い描いているといいます。

亡き人の生きた証を伝えることで、その人の存在を自分の中だけではなく、ほかの人や社会の中でも生かし続けることができるともいえます。

亡き人の存在を感じられることが、その後の人生を歩んでいくうえでの心のよりどころにもなるでしょう。

遺された人が亡き人を想い、忘れないことが、亡き人の安らぎにつながると信じる人も多くいます。

5歳だった子が高校生に

先ほどの40代だった男性は、奥様を亡くしてもうすぐ10年になります。「あのとき、5歳だった息子がもうすぐ高校生になります」と写真を見せてくれました。

「息子が妻のことをどう思っているかはわかりませんが、私と息子の生活にはいつも妻がいました。そのくらい、妻のことを息子に伝え続けてきました。最近では、またお父さんがのろけているって笑われていますが……」

照れくさそうに笑っていました。

また、ブログを書いている70代の男性は、このように内心を教えてくれました。

「ブログにコメントをくれる人の存在や、孫の中に亡き妻の存在がたしかにあることがとてもうれしいです。自分のいのちの終わりにつぶやいた『どうか幸せに生きて』という妻の最期の言葉を見た人が、自分の大切な人も同じように想ってくれているのかなと考えるきっかけになればいいなと思っています」

亡き人の生きた証や死の意味について、いくら考えても答えが見つからないこともあります。

考えることが苦しいときには、考えることをやめたり、いったん棚上げしたりしてもいいでしょう。

時間をかけて、自分なりの答えや向き合い方を模索していくのがいいと思います。

POINT
亡き人が遺してくれたものはなんですか？

Hint

28

自分で自分に
ごほうびを

頑張りすぎずに

自分に優しく

5

会えない人とともに

つらく苦しい状況でも、もっと頑張らねばならないと思っている人もいるでしょう。

まわりの人のために、自分がもっとしっかりすべきだと考える人もいます。

母親を亡くした40代の女性は、「私は生きているのだから、母の分までもっと頑張らなくてはいけない」と、自分に言い聞かせるように話されていました。

父親を亡くした30代の男性は、「これからは僕がしっかりして、母や弟や妹を守っていかなければいけないんです」と決意を口にされていました。

おふたりとも、自分のことには目が向いておらず、「自分も悲しんでもいい」とは思っていないようでした。

おふたりは、まわりの人たちから、くり返し、こんな言葉をかけられたそうです。

「あなたが気丈に頑張っているからお母さんは安心ね」

「お父さんの分まで頑張るのよ。お父さんはそれが一番うれしいからね」

おふたりとも、その期待に応えようとするあまり、頑張りすぎてしまい、疲れきってしまっている様子でした。

亡き人のいない毎日をどれだけ頑張って必死に生きていたとしても、「頑張ってね」

と声をかけられることがあります。

悪気なく気軽に発せられたひと言かもしれませんが、心の重荷になることがあるものです。

こういう場合、頑張りを、周囲の人にわかってもらえていないと感じる人もいます。

父の遺品のレコードを聴く時間がごほうび

つらいときには、自分に優しくすることが、何より大切なことです。頑張りすぎず、だれよりも自分のことを大事にしてあげてください。

といっても、頑張りすぎないことも、自分を大事にすることも、実は簡単なことではありません。

そんなときは、自分へのごほうびを考えてみましょう。あまり難しく考えなくても大丈夫です。

生活の中にある小さなことに、「自分へのごほうび」と名前をつけるところから始めてみるといいでしょう。

母親を亡くした40代の女性にとって、ごほうびはこれだそうです。

「週末に少し高価なアイスクリームを買って、夜寝る前に自分へのごほうびとして食べることにしたんです。唯一のほっとできる時間です。頑張ってはいるけど、本当は私だって悲しい……と思いながら食べています」

一方の父親を亡くした30代の男性は、「自分へのごほうびって、はじめはよく意味がわからなかったのですが……」と前置きをしたうえで、レコードプレーヤーを買ったことを教えてくれました。

お父様の遺品から、古いレコードが何枚も見つかったそうです。

「仕事も忙しいですし、母や弟や妹への気づかいも絶えませんが、ときどき部屋にこもって、父が聴いていたであろう音楽をひとりで聴いています。そのときだけは、『さみしいなあ……、会いたいな……、父だったらなんていうかな……』と、父とふたりだけの時間を過ごしています。この時間が自分へのごほうびなんだろうなと思っていま

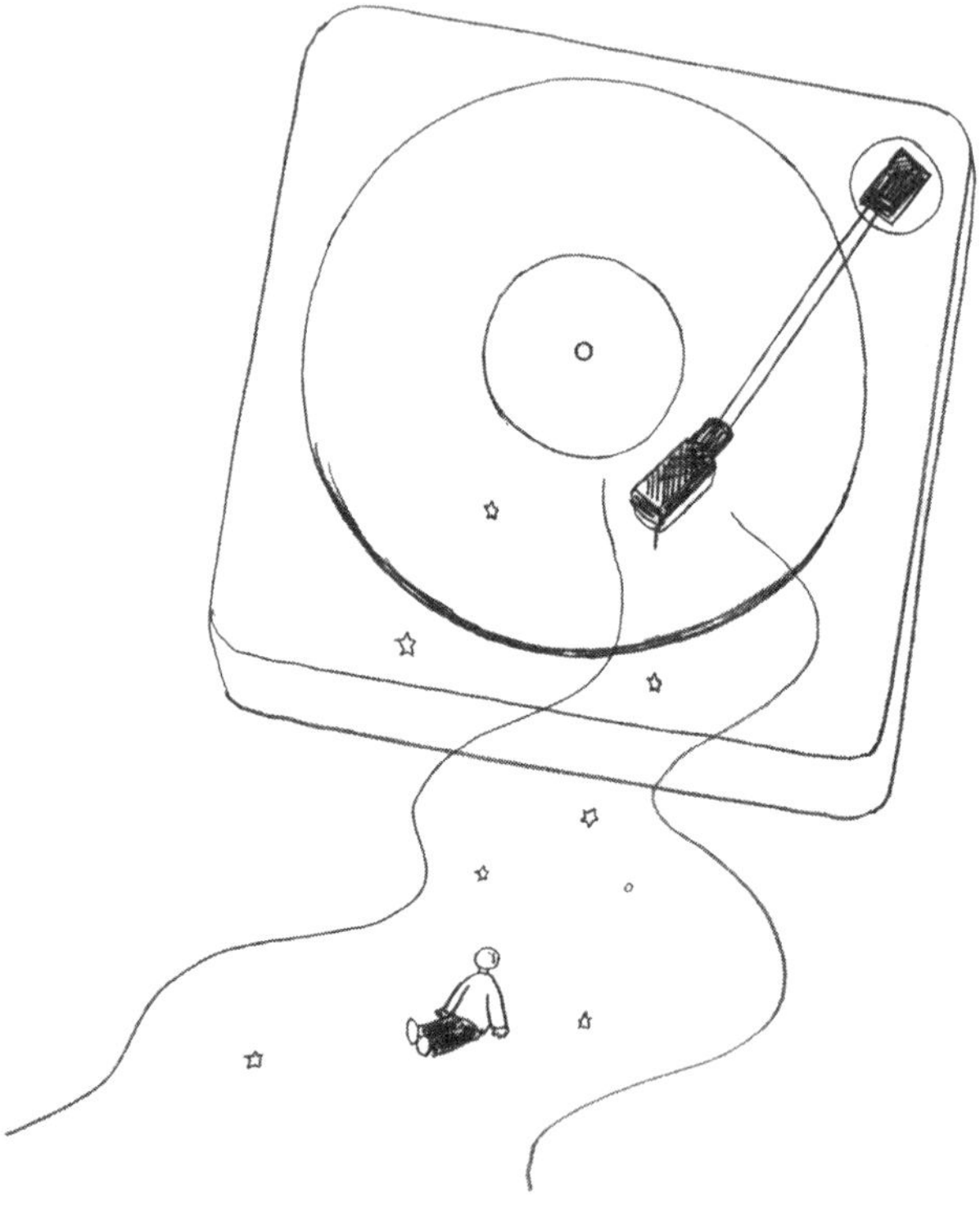

す」

このように大切なごほうびについて教えてくれました。

亡き人を想うように自分も大切に想う

頑張りすぎずに、自分の心の声に耳を傾けてみましょう。

「自分に優しくする」とは、自分自身と向き合って、自分の本当の気持ちをきちんと聞くことです。

どんなときも自分が自分のことを信じて応援する最大の味方でいることです。

心の声に耳を傾け、自分の想いを尊重しようとすることで、自分で自分を大切にできるようになります。そうすると、今の自分の頑張りをあなた自身が認めることにつながります。

あなたが人知れず、毎日を一生懸命に過ごしていることにあらためて気づくかもしれません。

先に紹介したおふたりとも、「今は自分が頑張るときだとも思っている」との言葉も口にされていました。

「ごほうびの時間をもつことで、自分が精一杯頑張っていることにも気がついたし、そんな自分を自分が一番応援していることにも気がつきました。自分でほめてあげることで、また頑張っていけるような気がします」

このように以前よりも少し明るい表情で話されていました。

亡き人のいない人生を「生きること」は、とても苦しいことかもしれません。

頑張らないと、と思うこともあるでしょう。

ですが、亡き人のことを大切に想うのと同じように、自分のことも大切に想ってみましょう。

頑張りすぎずに、自分にも優しくしてみてください。

亡き人にいつかまた会える日がくるならば、あなたが今を笑顔で生きていることが一番の贈り物になるはずです。

POINT
頑張りすぎずに、自分の心の声を何よりも大切に

おわりに

「身近な人を亡くすのがこんなにつらいなんて思いもしなかった。この悲しみがいつまで続くのかも、これからどうやって生きていったらいいのかもわからない……」

先日参加した遺族会で、ある遺族の方が大粒の涙を流しながら話してくださった言葉です。

悲しみへの向き合い方は人それぞれで、一つの正解があるわけではありません。ですが、ほかの人がどのように日々を過ごしているかをうかがい知ることが、自分なりの悲しみとの向き合い方や、今を生きるうえでの糸口を見つけるヒントになることがあります。

この本は、そのようなヒントをできるだけたくさん集めたものです。

なお、この本を執筆するにあたっては、読者の皆さまに誤解や不快感を与えることのないように十分に留意したつもりです。もし不快な思いをした方がおられたなら、私どもの力不足であり、心よりお詫び申し上げます。

死別という体験は、一般的には個別性の高い、きわめて私的なできごとで、一人ひとりが主体となって、どのように悲しみと折り合いをつけ、その先を生きていくのかが問われています。

その一方で、周囲の人の言動やしきたりによって、苦しみや悲しみがさらに深められることもあります。

もしかしたら、深い悲しみの中にある人にとっては、目の前の社会は、必ずしも生きやすい社会とはいえないかもしれません。

死別の悲しみにどう向き合うかは、死別を経験した個人の問題だけではなく、社会のありようが問われる問題でもあるのだと思います。

私どもの研究センターでは、遺された人それぞれの想いが大切にされる社会の構築を目指して、死別による悲嘆（グリーフ）についての社会的な理解を広めるための活動に取り組んでいます。

その一環で、11月23日を「グリーフを考える日」として制定し、講演会などを行ったりしています。

死別の悲しみを抱えた人に、私たちの社会は何ができるのかを多くの人と一緒に考えていきたいと思っています。

本書の土台となった研究は、私どもの研究センターのメンバーや、私のゼミの学部生・大学院生の協力がなければできなかったと思います。

とくに、客員研究員で「小さないのち」代表の坂下裕子氏は、この研究に継続的にかかわり、細部にわたる貴重なご助言をくださいました。子どもを亡くした親の会である「小さないのち」の方々には、研究で得られた実践的なヒントの妥当性を確認していただきました。また研究の実施にあたり、公益財団法人ＪＲ西日本あんしん社会財団と、一般社団法人日本損害保険協会より、資金面でのご支援をいただきました。この場を借りて厚く御礼申し上げます。

そして、本書の刊行にあたっては、強い熱意をもって本書を企画し、丁寧な編集作業をしてくださったディスカヴァー・トゥエンティワンの大田原恵美氏と、イラストレーターの須山奈津希氏、デザイナーの坂川朱音氏に深く感謝いたします。

最後に、なにより私どもがこれまでに研究や活動をとおして出会ったご遺族お一人おひとりに、心より感謝を申し上げたいと思います。

皆さまが大切な人を想いながら紡いでくださった言葉の一つひとつを集め、今まさに悲しみの中にいる方々にお届けすることが、私どもができる恩返しであり、この本がその一つになることを願っています。

2024年9月

関西学院大学　悲嘆と死別の研究センター
センター長　坂口幸弘

もう会えない人を思う夜に
大切な人と死別したあなたに伝えたいグリーフケア28のこと

発行日　2024年10月18日　第1刷
　　　　2025年 2 月22日　第4刷

Author　坂口幸弘　赤田ちづる
Illustrator　須山奈津希
Book Designer　坂川朱音（朱猫堂）
Publication　株式会社ディスカヴァー・トゥエンティワン
〒102-0093　東京都千代田区平河町2-16-1 平河町森タワー11F
TEL　03-3237-8321（代表）　03-3237-8345（営業）
FAX　03-3237-8323
https://d21.co.jp/

Publisher　谷口奈緒美
Editor　大田原恵美

Store Sales Company
佐藤昌幸　蛯原昇　古矢薫　磯部隆　北野風生　松ノ下直輝　山田諭志　鈴木雄大
小山怜那　藤井多穂子　町田加奈子

Online Store Company
飯田智樹　庄司知世　杉田彰子　森谷真一　青木翔平　阿知波淳平　大﨑双葉　近江花渚
徳間凜太郎　廣内悠理　三輪真也　八木眸　安室舜介　古川菜津子　高原未来子
千葉潤子　川西未恵　金野美穂　松浦麻恵

Publishing Company
大山聡子　大竹朝子　藤田浩芳　三谷祐一　千葉正幸　中島俊平　伊東佑真　榎本明日香
大田原恵美　小石亜季　舘瑞恵　西川なつか　野﨑竜海　野中保奈美　野村美空
橋本莉奈　林秀樹　原典宏　村尾純司　元木優子　安永姫菜　浅野目七重
厚見アレックス太郎　神日登美　小林亜由美　陳玟萱　波塚みなみ　林佳菜

Digital Solution Company
小野航平　馮東平　宇賀神実　津野主揮　林秀規

Headquarters
川島理　小関勝則　田中亜紀　山中麻吏　井上竜之介　奥田千晶　小田木もも　佐藤淳基
福永友紀　俵敬子　三上和雄　石橋佐知子　伊藤香　伊藤由美　鈴木洋子　照島さくら
福田章平　藤井かおり　丸山香織

Proofreader　株式会社鷗来堂
DTP　浅野実子（いきデザイン）
Printing　中央精版印刷株式会社

ISBN978-4-7993-3098-2
MOU AENAIHITOWO OMOUYORUNI by Yukihiro Sakaguchi,Chizuru Akata